JN080702

JSL

Japanese as a Second Language

中学・高校編

JSLバンドスケール

子どもの日本語の発達段階を把握し、
ことばの実践を考えるために

川上郁雄＝著

明石書店

JSLバンドスケール【中学・高校編】●目次

❶初めてJSLバンドスケールを使われる方へ　5

❷JSLバンドスケールを使ってみましょう　9

❸JSLバンドスケール　中学・高校　21

❹付　録　121

1

初めてJSLバンドスケールを使われる方へ

1　日本語を学ぶ子どもたちとは

JSLバンドスケールは、日本国内で日本語を第二言語（Japanese as a Second Language：JSL）として学ぶ子どもたちを対象にして開発されました。

- 外国から日本にやってきた外国籍の子ども
- 家庭で日本語以外の言語を使用している子ども
- 海外から帰国し、日本語を学ぶ機会が少なかった日本人の子ども

などを含みます。

日本語を含む複数の言語に触れながら育つ子どもを、ここでは「日本語を学ぶ子ども」と呼びます。

2　何のために

JSLバンドスケールを使うと、教師は何ができるようになりますか？

教師は、

- 子どもの日本語の発達段階を把握することができます。
- 子どもが日本語を学ぶときにどのような補助を必要としているかを知ることができます。
- そのことをもとに、日本語教育の実践を準備し、実施することができます。
- 子どもの日本語の発達段階を教員間で共有し、発達過程を長期的に把握することができます。
- そのことにより、学校全体で、これらの子どもの教育方針を考えることができます。

どのように使用しますか？

- JSLバンドスケールには、「聞く」「話す」「読む」「書く」の４技能の発達段階の説明文があります。
- 教師は、子どもの日本語を使う様子や課題に取り組む様子をじっくり観察します。
- その上で、JSLバンドスケールの説明文や例と、子どもの日本語使用の様子を照らし合わせながら、子どもの日本語の発達段階を把握します。

JSLバンドスケールは「テスト」ですか？

- JSLバンドスケールは、「テスト」ではありません。
- 子どもの日本語の力を、1回のテストや一つの課題や場面だけで把握することはできません。
- JSLバンドスケールは、子どもの日本語の発達段階を広い視野で総合的に捉えるためのツールです。

JSLバンドスケールは日常的な実践から、日本語の発達段階を把握します。

- JSLバンドスケールは、日常的な実践の中で子どもがどのような「やりとり」をしているか、また課題に取り組む際、どのような様子かを観察することが基本です。
- したがって、JSLバンドスケールと日常的な実践を切り離すことはできません。
- 日本語の発達段階を踏まえて、子どもへの日本語教育の実践を長期的な視野で組み立てることが大切です。
- 子どもの日本語の力を、1日で把握することはできません。
- 日本語が覚えられないからといって、すぐに「発達障害があるのでは」と考えたり、「とりあえず特別支援学級に入れておこう」と考えるのは誤りです。子どもの発達を長期的な視野で考えるときに、JSLバンドスケールも、一つの有効なツールとなるでしょう。

**JSLバンドスケールは、日本語を学ぶ子どもの日本語の発達段階を把握し、
子どもの「ことばの力」を育むため、
どのような実践を行うかを考えるためのツールです。**

2
JSLバンドスケールを使ってみましょう

1　フレームワーク

ここからは、JSLバンドスケールのフレームワーク（枠組み）を説明します。

表１　JSLバンドスケールのフレームワーク

子どもの年齢	４技能	見立て（レベル）
小学校低学年	聞く	1・2・3・4・5・6・7
	話す	1・2・3・4・5・6・7
	読む	1・2・3・4・5・6・7
	書く	1・2・3・4・5・6・7
小学校中高学年	聞く	1・2・3・4・5・6・7
	話す	1・2・3・4・5・6・7
	読む	1・2・3・4・5・6・7
	書く	1・2・3・4・5・6・7
中学・高校	聞く	1・2・3・4・5・6・7・8
	話す	1・2・3・4・5・6・7・8
	読む	1・2・3・4・5・6・7・8
	書く	1・2・3・4・5・6・7・8

「子どもの年齢」は、子どもの発達段階による３つのグループを示しています[1]。

①小学校低学年　（1、２年生）
②小学校中高学年　(3、4、5、６年生)
③中学・高校　（中学１年生から高校３年生）

「見立て（レベル）」は、小学校は７段階、中学高校は８段階に設定されています。

1　これは脳の発達段階と学年を考慮して設定されています。

「初めて日本語に触れる段階」（日本語の力が弱い段階：レベル 1）

↓

「日本語を十分に使用できる段階」（日本語の力が十分にある段階：レベル 7、8）

「見立て（レベル）」に「0」はありません。これは、子どもの持つ「ことばの力」[2]にゼロはないという考え方です。日本語の言語知識がなくても、第一言語[3]を含む「ことばの力」はあると考えられるからです。

2 「見立て」

教師が、子どもの日本語の発達段階を把握することを、ここでは「見立て」といいます。

実際の教育現場には教師の他に、ボランティアの方や指導助手の方もいるでしょう。JSLバンドスケールの説明文の中では、「教師」という一般的な名称を使っていますが、その「教師」には教員だけではなく、子どもに日本語指導を行うボランティアの方や指導助手の方も含んでいるとお考えください。

「見立て」のプロセス

以下、中学・高校の生徒の場合、教師は、どのような手順で「見立て」を行うかを説明します。

生徒の「やりとり」[4]の様子を観察します。

たとえば、

- クラスメイトの言うことに反応するか。
- 教師の指示にしたがって行動するか。
- 質問に対して、内容を理解して適切に発話できるか。
- 発話は、最後まで一貫して言い切ることができるか。
- 詳細を聞きもらすことはないか。

2 「ことばの力」→4 「ことばの力」とは何か（p.15-17）

3 第一言語（子どもが誕生後に最初に触れ、主に使用してきた言語）→キーワード解説「第一言語と母語」（p.125）

4 「やりとり」とは、子どもの第一言語や日本語、具体物、ジェスチャーなどを使って、子どもが教師やクラスメイトとコミュニケーションすることです。→キーワード解説「やりとり」（p.125）

・わからないことについて、自分で質問できるか。

生徒の様子の例：「黙っている」
「日本語がブツブツ切れる」
「ジェスチャーに頼る」など

2. 観察のメモをとる

実践の中で、生徒との「やりとり」の様子をメモします。

たとえば、教師は、

・場面と生徒の反応や発話を、実践の後で記録する。
・どんなときに、生徒の反応が良くなるかに注目する。
・学習内容に関する質問に答えられるかをメモする。
・複雑な内容をどれくらい理解できたか、また言いあらわせたかに留意して、「やりとり」を書き取る。
・グループ活動の様子を録画して、後で理解度を確認する。

生徒の様子の例：「絵を使うと、よく理解が進む」
「ペラペラしゃべるが、抽象的なことは理解できない」
など

3. 実践の中で考え、資料を集める

実践の中で、生徒に働きかけ、反応を見ながら観察し、資料（生徒の書いたもの、ノートのコピーなど）を集めます。

たとえば、観察するときに、以下の点に留意します。

・生徒が「読む活動」や「書く活動」にどれくらい参加できるか。
・どのような足場かけ（スキャフォールディング）[5]をすれば、どれくらい読める、書けるようになるか。
・読んだ内容をどれくらい理解できたか。
・言いたいことがどれくらい書けるのか。
・クラスメイトの書いたものに、どれくらい反応するか。

生徒の様子の例：「漢字にふりがなをつけると、声を出して読める」

5　足場かけ→キーワード解説「足場かけ」（p.124）

「絵の周りに、単語を書くことができる」
「モデル文を見ながら、文を書くことができる」

4. バンドスケールと見比べる

生徒の「聞く」「話す」「読む」「書く」に関して集めた情報や資料と、JSLバンドスケールの説明文を見比べます。

5. バンドスケールのレベルを見立てる

生徒の様子と、JSLバンドスケールの説明文の重なりの最も多いレベルを当該の生徒の「聞く」「話す」「読む」「書く」レベルとして「見立て」ます。「見立て」は「聞く」「話す」「読む」「書く」それぞれで行います。

ここで具体的な例を見ながら、「見立て」を考えてみましょう。
目の前にいる、生徒の様子を見た教師が、以下のようなメモをとるとします。

・一対一の簡単なやりとりに参加できる。
・身近な話題なら、短い会話に参加できる。
・しかし、在籍クラスの授業では教師とクラスメイトの会話に参加することは難しい。

これらのメモをもとに、次のページにある、「JSLバンドスケール　中学・高校　『話す』」のチェックリスト（一部）と見比べます。

各レベルの項目を見て、当該の生徒の様子と重なる項目の□に、☑を入れていきます。この場合、レベル3とレベル4に該当する項目が複数ありますが、多くがレベル3にあるため、この場合、この生徒の「話す」力は、中学・高校「話す」レベル3と考えます。

これが、JSLバンドスケールの「見立て」です。

JSLバンドスケール　中学・高校　「話す」チェックリスト			
子どもの様子・ことばのやりとり	レベル２ 日本語に慣れ始め、日本語を話そうとするレベル	レベル３ 日本語で学習する段階へ移行しつつあるレベル	レベル４ 日本語によるやりとりの範囲が拡大していくレベル
	□身近な場面で使う挨拶などの言葉を覚え、使い始める。 □一対一のやりとりで、話題が理解しやすい場合、簡単なやりとりができる。 □やりとりを続けるためには、言い替え、繰り返しを多用し、発言を待ってくれるような聞き手が必要となる。 □話すとき、第一言語の影響が、発音、アクセント（高低・強弱）、イントネーションのパターンなどに現れる。 □適切な日本語がわからないときは第一言語を話す人を求める。 □学習したパターンを文法上使用できない単語にまで応用させたり、組み合わせたりするため、不完全なことがある。 （以下、略）	☑よく聞いてくれる聞き手がいれば、一対一の簡単なやりとりに参加できる。 ☑身近な話題については、短い会話に参加できる。 ☑一対一の場面では、知らない単語の意味や日本語の単語を尋ねたりするが、在籍クラスの授業では教師とクラスメイトの会話に参加することは難しい。 □語彙を知らないときは、遠まわしに言ったり、口ごもったりする。 ☑簡単な接続表現を使って話すことができるが、複文を使った発話は少なく、話が長くなると、断片的な発話になる。 □動詞の活用や時制の組み合わせは不規則である。第一言語の時制規則の影響を受けている場合がある。 （以下、略）	□親しい聞き手との間では、さまざまなやりとりができる。 □自分のことや過去の出来事について、短い発話で、説明できる。 □複雑な気持ちや事柄を日本語で表現しようとするが、その場合に、聞き手がよく聞きながら、時には質問や言い換えをするような補助が必要である。 ☑話をしているときに、訂正されることを嫌がることもある。 ☑準備のないまま長い発話をすると一貫性がなくなる。 □日本語でもっと話そうとするが、理解できる日本語と話せる日本語が違うことに気づいているので、フラストレーションを感じる。 □語彙や表現の使い方やニュアンスの違いを理解し始める。 （以下、略）

3　いつ使うのか

教師は、上記のように、ふだんの実践の中で生徒の様子を理解していきます。教室でのやりとりから生徒の「聞く」力、「話す」力について気づいたことをメモしましょう。また、生徒と一緒に本やプリント教材を読む場面から「読む」力について気づいたことをメモしましょう。あるいは手紙を書く活動、物語を作る活動など複数の「作文」から「書く」力の材料を集めましょう。それらをもとに、JSLバンドスケールの「説明文」と照らし合わせて、「聞く」「話す」「読む」「書く」のそれぞれの力を「見立て」ましょう。

日本語の力の発達段階は、簡単に進むものではありません。JSLバンドスケールは、一学期、あるいは半年に1回使用し、生徒の日本語の発達段階を把握しましょう。

生徒の日本語力のうち、「聞く」「話す」「読む」「書く」で発達のペースが異なる場合があります。たとえば、「聞く」「話す」がレベル4、「読む」がレベル3、「書く」がレベル2のように、デコボコしていることはよくあることです。文字に頼らない「聞く」「話す」の力が早く伸び、文字を媒介とする「読む」「書く」の力が伸びないように見えることはよくあることです。

したがって、日本語の発達段階を把握するため、JSL バンドスケールの「見立て」の結果を、生徒の「個人票」に記録し、生徒のクラス担任が替わっても引き継ぎ、長期にわたってJSL バンドスケールを使用しましょう。

4 「ことばの力」とは何か

JSL バンドスケールの考える「ことばの力」について説明します。以下、小学生の子どもの場合も同じですので、中学生・高校生も含め「日本語を学ぶ子ども」として説明します。

①場面や相手に応じて「やりとりする力」

日本語には、ひらがな、カタカナや漢字、語彙、文法規則、慣用的表現など、言語知識と呼ばれるものがありますが、それらは「ことばの力」全体のほんの一部であり、すべてではありません。したがって、それらを覚えても「日本語のコミュニケーション能力」が必ずしも高まるわけではありません。JSL バンドスケールが重視するのは、場面や相手に応じて「やりとりする力」です。

②場面や相手により、「言葉を選択する力」

会話（A）

○じゃあ、次は、いつ遊ぶ。
●うーん。
○土曜日は、どう。
●土曜日。うん。土曜日なら、午後かなあ。

会話（B）

○では、次は、いつ開きましょうか。
●そうですね。
○土曜日は、どうですか。
●土曜日ですか。土曜日なら、午後ですかねえ。

上の会話（A）（B）を見比べてみましょう。誰が誰と話している会話と思いますか。（A）は子ども同士、（B）は大人同士の会話かもしれません。また、間柄はどうでしょうか。友だち同士のような親しい関係か職場の同僚同士のやや距離を置いた関係を想像するかもしれません。いずれにせよ、会話の内容は同じようなのに、場面や相手との関係によって言葉が異なるということにお気づきかと思います。

つまり、私たちは、日常的に、「どんなこと（内容）を」「誰に」「どのように」（話すのか、書くのか）を考えながら言葉を「選んで」使用しているのです（ハリデー、2001）。だからこそ、私たちは、子どもに話しかけるときと大人と話すときとでは、使用する言葉が異なってくるのです。これは、みなさんの日常会話を振り返れば、すぐにおわかりになるでしょう。このような「場面や相手によって、言葉を選ぶ力」も、「ことばの力」に含まれるのです。

③「ことばの力」は、総合的な（ホリスティックな）力

JSLバンドスケールは、日本語の語彙や文法知識などの習得を点数化して総合点を出すような、「部分の集合」として捉える言語能力観に立っていません。JSLバンドスケールの考える「ことばの力」は、場面や相手に応じて「やりとりする力」であり、文脈[6]（コンテクスト）を理解し、場面や相手や伝達方法（話すか、書くか）によって言葉を選択して使用する総合的な（ホリスティックな）力と捉えます。

したがって、日本語を学ぶ子どもの「ことばの教育」においても、文脈（コンテクスト）が重視されます。つまり、日本語を教える際も、文脈と言葉を切り離さず、子どもが日本語をホリスティックに（場面と合わせた形でまるごと）理解できるように指導することが大切となるのです。

④「ことばの力」は複合的な力

私たちが日頃、言葉を使う際、その言葉の知識だけではなく、第一言語や方言を使用した経験や外国語学習の経験など、多様な知識や技能や経験を利用しながらコミュニケーションを行っています。一人の人間の中にも、多様な知識や技能や経験が複合的に結びついて、「ことばの力」を形成しています。したがって、「ことばの力」は「複雑で、不均質だが、全体としてひとつ」（コスト・ムーア・ザラト、2011）のものと捉えられます。

子どもの日本語教育において、日本語だけが大切なのではなく、子どもの持つ第一言語も同様に重要なのです[7]。

6　文脈→キーワード解説「文脈」（p.124）

7　→キーワード「複言語・複文化能力」（p.124）

⑤日本語の力は動いている

「ことばの力」は複言語・複文化的なものです。したがって、「ことばの力」をベースに日本語学習をする子どもの日本語は常に動いているように見えます。つまり、子どもが使用する日本語には、「日本語の力が変化している」（動態性）という性質、「日本語の4技能（聞く、話す、読む、書く）が同じでない」（非均質性）という性質、「場面や相手によって日本語の表出が異なる」（相互作用性）という性質という3つの特徴があるのです。

したがって、このような性質（動態性、非均質性、相互作用性）のある日本語の力を、1回のテストで「測定」することは不可能なのです。

JSLバンドスケールは、このような「ことばの力」観に立って作られています。

本書では、言語一つひとつをいう場合に、「日本語」「言語」あるいは「言葉」を使用しますが、子どもの第一言語や日本語、また日本語以外の言語と、それらの言語の知識や技能や経験が複合的に結びついているものを、「ことばの力」と表記しています。

5　実践にどのように役立つのか

では、JSLバンドスケールはどのように実践に役立つのでしょうか。

まず、日本語を教えるときに何が大切かを、考えてみましょう。

日本語を学ぶ子どもに日本語を教える上で大切な視点は、子どもの「ことばの生活」「成長・発達」「心」の3つです。以下、その3点を説明します。

(1)「ことばの生活」

教師は子どもの「ことばの生活」を理解することが、まず必要です。ここでいう「ことばの生活」とは、子どもが多様な言語と触れる生活環境やその中で体験したことなど、すべてを含めた生活を意味しています。たとえば、子どもはまだ日本語が話せなくとも、家庭では第一言語（母語）を流暢に使用していたり、来日する前に、その言語で教育を受けたりしている場合があります。また、日本語を学ぶ子どもは日本語以外の言語をすでに習得していたりします。ときには、日本語以外にすでに第3言語や第4言語に触れて成長しているかもしれません。

教師は、目の前の子どもが日本語を含む複数言語環境で成長していることを、まず、理解することが大切です。JSLバンドスケールの内容に、第一言語の使用や第一言語での経験についてもたくさん説明されているのは、そのためです。この点は、子どもの実践を考える上で、教師が第一に理解すべきことです。

⑵「成長・発達」

子どもは日々成長していますが、身体的・認知的にどのような発達段階にあるかを考えることも大切です。来日したばかりの中学生に、日本語ができないからといって、小学生と同じ方法で教えることは適切と言えません。すでに第一言語で教育を受けた子どもの場合、同じ年齢の子どもと同じ認知発達を経て、同じように考えることができる力を持っています。JSLバンドスケールを使用して日本語の発達段階を踏まえて、実践をデザインするとき、子どもの成長・発達段階を考慮することは、不可欠です。

⑶「心」

次の指導例をご覧ください。ふたつの違いはどこにあると思いますか。

(S：子ども、T：教師)

指導例１

S：きのう、いく。
T：え？　いく？　きのう、行きました、でしょ。
S：うーん、行きました、ヨコハマ。
T：え？　横浜へ行きました、でしょ。
S：うーん？
T：うーんじゃなくて、はい、と言いなさい。
S：……

指導例２

S：きのう、いく。
T：え？　どこへ行ったの？
S：うーん、行った、ヨコハマ。
T：そう？　横浜へ行ったの。だれと？
S：うーん。お父さんと行った。
T：ああ、お父さんと横浜へ行ったの。
S：うん、お父さんと横浜へ行った。
T：そして？

指導例１の教師は、子どもの誤用を「正しい日本語」に変えようと指導しています。一方、指導例２の教師は、誤用を訂正するというよりも、子どもの言いたいことに耳を傾け、さりげなく語順を訂正しながら、やりとりが続くように発言しています。指導例２の子どもは、自分の言いたいことを聞いてくれる人がいると感じるでしょう。つまり、この指導例の子どもにとって、自分の声が他者に届く体験をしているということです。このような意味の「声が届く体験」は、子どもの学習意欲を高め、子どもが自分はここにいてもいいんだと思うような社会的承認を得て、自尊感情を抱くことにつながります。

子どもの日本語教育の実践で欠かせない視点は、子どもの「心」を受け止め、育てることです。

そのためにも、JSLバンドスケールを使って、子どもの日本語の発達段階を把握し、子どもの現状を理解することが大切なのです。

この３点は、子どもの日本語教育の基本です。

6 「見立て」から実践へ

JSLバンドスケールが基本とするのは、日々の授業実践と子どもの理解です。教師は、日頃より子どもとやりとりすることを重ね、子どもの理解を深めています。その「子ども理解」から見える日本語の発達段階をJSLバンドスケールと照らし合わせながら、確認していくことが大切です。

また、JSLバンドスケールは、複数の教師で使用することを推奨しています。子どもを指導する複数の教師（たとえば、日本語指導の教師と在籍クラスの担任、ボランティアの教師など）が、当該の子どものJSLバンドスケールの「見立ての結果」を持ち寄り、指導場面のやりとりの様子や子どもの書いた作文などを見ながら、子どもの日本語の発達段階を「判定」をすることを薦めます。

なぜなら、一人ひとりの教師が子どもを指導する場面は異なりますし、また学びの場面や形態、学習活動が異なることによっても、子どもの日本語力は違ったように見える場合があるからです。

さらに、それを判定する教師の実践観、「ことばの力」の捉え方、ひいては教育観が異なると、子どもの「ことばの力」の「見立ての結果」は教師一人ひとり異なるかもしれません。たとえば、日本語には漢字が不可欠だと考え、漢字を覚えさせることが子どもの「ことばの力」を伸ばすと信じる教師は、子どもにひたすら漢字練習だけをさせるでしょう。もちろん、漢字の量だけが「ことばの力」ではありませんし、漢字練習だけが日本語教育の実践でないことは明らかです。

したがって、教師によって日本語力の発達段階をレベル３と考える人とレベル４と考える人が出てくることは、至極、自然なことです。どちらが正しく、どちらが間違っていると結論を急ぐよりも、どのような場面ややりとりで、そのように判断したかについて情報交流することによって、子どもの理解が進むと同時に、教師自らの捉え方も深まっていくと考えることが大切です。

以上をまとめると、JSLバンドスケールとは、複数の教師がそれぞれの「見立ての結果」を持ち寄り、教師みんなで子どもの日本語の発達段階を複数視点から「判定」し、子どもの抱える課題を理解し、「取り出し指導」教師、在籍クラス担任、教科担当教師、指導助手等の複数の教員等による協働的実践を目指すためのツールなのです。したがって、JSLバンドスケールは、日本語を教える教師だけに必要なのではなく、すべての教師に必要なツールなのです。

7　なぜJSLバンドスケールなのか

JSLバンドスケールは、これらの子どもの実践のために使用するものです。

JSLバンドスケールは、「あらかじめ一定の条件を設定して行うテスト」ではありません。つまり、子どもの日本語の力を測定（アセスメント）する「測定のためのツール」ではありません。ある「テスト」を効率的に行うために「対話をする」という考えも、JSLバンドスケールにはありません。他の人が作った既成の「テスト」を使っても、教師の持つ「実践観」や「ことばの力の捉え方」や「教育観」を深めることにはつながりません。

JSLバンドスケールが、「初めて日本語に触れる」レベル1から、「日本語を十分に使用できる」レベル7あるいはレベル8まで分けているのは、子どもの日本語の発達段階の全体像を見通した上で、目の前の子どもの発達段階を理解するためです。そのような子どもの現状の把握を踏まえて、実践をどう作るかを考えていくためのツールが、JSLバンドスケールなのです。

つまり、他の人が作った既成の「テスト」は、教育現場の教師の成長や実践力向上にはほとんど役立ちません。JSLバンドスケールを使用し、教師自らが日頃の実践から子どもの「ことばの力」を把握し、そこから実践をどう作るかを考え、さらに他の教師と協働的に実践を行うことによって、教師の「ことばの捉え方」「ことばの力の捉え方」、さらには、実践観、教育観が深まっていくのです。それこそが、JSLバンドスケールの使命（ミッション）なのです。

では、始めてみましょう。

3

JSLバンドスケール

中学・高校

❸

JSLバンドスケール　中学・高校

【聞く】

中学・高校　　聞く　　レベル 1	
このレベルの主な特徴	初めて日本語に触れるレベル
子どもの様子・ことばのやりとり	1. 初めて日本語に触れるため、黙っている。 2. 他の生徒のやっていることを真似て、教室活動に参加したりする。 3. 第一言語での経験をもとに、身振りやイントネーションの意味を理解しようとする。 4. 言語的な負担が多くなると、集中力が続かなくなる。 5. 自分の第一言語を話す人に説明や翻訳を求める。 6. 第一言語で経験したことをもとに、日本の学校文化（規則や学校で期待されることなど）を理解しようとする。 7. 第一言語に関わる文化的知識や態度、価値観を持っていることがある。 8. 日本語を「聞く」力はなくても、第一言語を使う家庭・地域社会などでは、生徒の年齢に応じた範囲で、第一言語を聞いて理解することができる。

解説①　中学生・高校生で初めて日本語に触れる

日本語に初めて触れると、「黙っている」場合があります。これは、「沈黙期間（Silent period）」といいます。個人差もありますが、その期間は数週間から数ヶ月にいたる場合もあります。しかし、黙っていても、何もわかっていないわけではなく、周りを観察して、さまざまな言葉をため込んでいる段階です。その後、一気に話し出すことがあります。思春期の中学生・高校生は、「話さない理由」が複雑で、一つの理由だけではないかもしれません。ただし、第一言語を使ってきた多様な経験があり、その経験とそこから得た知識が、日本語による指示ややりとりを理解することに役立ちます。小学生と異なるのは、その経験知です。

2 の例

・周囲の様子をうかがい、見よう見まねで活動に参加しようとする。
・指示が理解できないため、行動が遅れたり、指示とは異なる行動をとったりする。
・身振りなどから相手の意図を理解することがある。しかし、日本語を理解しているわけではない。

3 の例

挨拶をする場面では、微笑んだり、お辞儀をしたりするが、挨拶の言葉を返すことは難しい。

6 の例

・母国で上履きに履き替える習慣がない場合、「上履きに履き替えなさい」と言われても理解できず、下履きのまま教室に入る。
・母国で、掃除の前に椅子を机の上に上げる習慣があった生徒は、教師の指示を聞き取れず、意味を予想して、掃除の前に椅子を机の上に上げようとする。
・英語で教育を受けた生徒は、日本の中学校で学習する英語を聞き取り、理解できる場合がある。

7 の例

・自分と会話する大人に対して敬意を表すために、目を合わせることを避ける、大人しくする。
・得意科目で習得している第一言語の語彙力が豊富にある場合もある。

→「さらなるサンプル」(p.40)

指導上のポイント

日本語がわからなくても、決して小学生のように接する必要はありません。第一言語で話すと、年齢相応の意見をしっかり言える場合もよくあります。日本語を話せなくても、生徒を一人の人として捉えて接することが、生徒との信頼関係（ラポール）を築く基本です。

中学・高校　聞く　レベル２	
このレベルの主な特徴	日本語に慣れ始めるレベル
子どもの様子・ことばのやりとり	1. 挨拶や短い指示など、簡単なやりとりは理解できる。 2. 一対一で、繰り返しや言い換え、写真や補助的情報があって、ゆっくり話されれば、反応することができる。 3. 自分に関することや、よく聞かれる質問は理解できるが、よく知らない文型で聞かれると、理解できなくなる。 4. 聞き取った言葉の意味を理解するには時間がかかる。 5. 在籍クラスでのやりとり、またクラスメイトとのやりとりは、ほとんど理解できない。 6. 聞くための基本的な方略（ストラテジー）は持っている。 7. 第一言語の影響により、濁音や清音を聞き分けられない場合がある。 8. 多くの場面で、第一言語のみのやりとりを好む。

解説②　日本語に慣れ始める

日本語に慣れていくと、日本語を使って考えることが始まります。すでに中学生・高校生は、第一言語で考える力がありますので、その学びの経験と知識をもとに、簡単な日本語を使って考える活動をすることは可能なレベルです。このレベルの生徒は、日本語による学習に向けて基盤を作りつつあります。内容のはっきりした教室活動で、文脈に根ざした簡単な言葉（例：これ、それ、あれ、ここ、そこ、いい、だめ）などを、理解することができます。

1 の例

・「こんにちは、元気ですか？」という質問を聞き取り、「元気」と応えることはできるが、相手に聞き返したり、やりとりを続けたりすることは難しい。

3 の例

・「いつ日本に来ましたか？」という表現を聞き取ることはできるが、「日本に来たのは、いつごろですか？」などと言われると、戸惑うことがある。

4 の例

・「今日、学校で何の授業がありましたか？」と質問した場合、「今日」「学校」「授業」など、単語レベルでの聞き取りは可能だが、質問の意図を正しく理解することは難しい。

6 の例：「聞き返し」の方略

・繰り返しを求める　例：「すみません、もう一度お願いします」

・聞き返す　例：「えっ？」　など　方略→キーワード解説「方略」(p.125)

7 の例：濁音・清音が聞き分けられない

・かき／かぎ、かんこく／かんごく、どこ、たべもの、ともだち、がっこう、など

8 の例

・自分の第一言語を理解する人がいると、自力での日本語の聞き取りを諦めてしまうことがある。

→「さらなるサンプル」(p.40)

指導上のポイント

中学生・高校生は、第一言語でのコミュニケーション能力があるため、「今日は学校？」「学校、好き？」など、比較的簡単な単語レベルであれば、相手が上昇イントネーションを使うことによって、質問であることを理解し、その意味を推測することができます。この推測する力も、「ことばの力」です。この力を育成することも、指導のポイントです。

中学・高校　聞く　レベル３	
このレベルの主な特徴	日本語で学習する段階へ移行しつつあるレベル
子どもの様子・ことばのやりとり	1. 身近な話題で短く、簡単なやりとりを聞いて理解し始める。 2. 一対一の対面で、教師がゆっくり話し、かつ繰り返しやわかりやすい言い換えを行うと、話の内容を理解できる。 3. 聞き取った言葉の意味を理解するには、まだ時間がかかる。 4. 日本語母語話者同士の会話から、断片的なことは聞き取れるが、話題がどんなことかわからず、会話に参加することは難しい。 5. 繰り返しや助けを求める方略を持っている。 6. よく使われる時制や語形、質問の形、文型のいくつかは理解するが、複雑な複文などが使われると、聞き取れなくなる。 7. 短い文は理解できるが、長い発話や馴染みのない話の筋を追うことはできない。 8. 日常的な場面に現れる語彙以外の口語的表現は、わからないことが多い。

解説③　日本語に徐々に慣れ、日本語で学び始める

このレベルの生徒は、徐々に日本語の語彙も増え、日本語を「聞く」力も発達してきています。口語的な語彙（例：わかった、次、いや、ううん、そうじゃない）だけではなく、より抽象的で論理的な内容を順序立てて説明するときに使う語彙（例：はじめに、次に）、一般化する指示詞（例：これら、すべて）、疑問詞や接続詞（例：なぜ、なぜなら、だから）のいくつかを理解できる力があります。これらの語彙を使って、学習内容を考えたり、課題を聞いて理解したりできる力を育成することを目指しましょう。

2 の例

教師：「きょうだいは、いますか？」
生徒：「お姉さんと弟」
教師：「誰が、弟の面倒を見ていますか？　お父さんとお母さんは、仕事ですよね？」
生徒：「私とお姉さんです」

5 の例：繰り返しや、助けを求める方略の例

・相手の発言に対し、「○○の意味は？」「もう一回、言ってください」などと聞き返すことができる。

6 の例：聞き取れない複文の例

・「今日は荷物が重かったけど、学校に遅れないように、駅まで走りました」

複文→キーワード解説「単文と複文」（p.125）

8 の例：聞き取れない語彙

・「目が点になる」「頭が切れる」「アンテナを張っておく」「新しい店を開拓する」など。

→「さらなるサンプル」（p.40）

指導上のポイント

このレベルの生徒は、語彙は増えていますが、在籍学級においては、補助なしで授業の流れを、聞いて理解することはまだできません。

そのため、指導をする上では、次のような足場かけが有効です。

・生徒がすでに知っている知識を使って例を示す。
・絵、図、写真、ビデオなどの視覚情報を用いて内容の理解を深める。
・二言語辞書を利用する。
・教師がゆっくり、はっきり発音する、など。

このレベルの生徒は、引き続き、継続的な指導が必要です。

中学・高校　聞く　レベル４	
このレベルの主な特徴	日本語によるやりとりの範囲が拡大していくレベル
子どもの様子・ ことばのやりとり	1. よく知っている文脈で、補助（ジェスチャーや言い換え、時間など）があれば、さまざまな話を聞き取ることができる。 2. 学習場面で、補助（文脈的な補助、視覚教材、わかりやすい語句による説明）があれば、目の前にない抽象的な内容の話を聞き取ることができる。 3. 助詞や文末表現、また複文などが理解しにくいため、会話や説明が長くなると、多くの部分で聞き落としがある。 4. 日本語母語話者同士による、くだけた会話では何が話題になっているかはわかることがあるが、細かい内容まで理解するのは難しい。 5. わからないときは、繰り返しを求めたり、簡単な語句での言い換えを要求したりする方略を使うことがある。 6. 話題が複雑であったり、情報が細かい場合は、簡単な表現で言い換えたり、よく説明してくれる人に頼る。 7. よく使われる口語表現には、慣れ親しんでいる場合もあるが、背景知識が足りない場合や、文化的なことが多く含まれる場合は、聞き取りができなくなる。 8. 周りに人が多く、雑音が多いところでは、話の基本的な情報を聞き逃すことがある。

解説④　日本語によるやりとりが拡大していく

このレベルの生徒は、以前より日本語が聞き取れてくるので、積極的な態度を示すことが多くなります。ただし、このレベルの生徒は在籍クラスの学習に独力でついていくことは困難であり、特別な指導が依然必要です。学年の教科内容で使用される日本語を聞いて理解することは極めて困難です。このレベルの生徒は、「わからない」と言わずに、話を聞きながら、笑ったり、頷いたりするので、周りの人は「わかっている」と思いがちです。しかし、実際は聞き取れず、理解できていない場合があります。一人ひとりに留意が必要です。

1 の例

・ゆっくり話したり、わかりやすい表現を使ったり、わからない場合はわかる表現に言い換えるなど、話し手の補助があり、身近な話題なら、第三者を交えたやりとりを理解できる。馴染みのある状況（たとえば、よく知っている教師がいたり、文脈的な補助が得られたりする状況）で、身近な話題（たとえば、過去に経験した話題）について、教師が配慮して話したり、理解しやすい長さで話すと、理解できるようになってきている。

例：高校説明会のチラシを見ながら

教師：「明日の高校説明会、お父さんかお母さん、行ける？」
　　　「必ず一緒に来てくださいって書いてあるよ」
生徒：「え、本当？　行けないです。お父さんとお母さん、今、中国にいる」
教師：「一人で行ける？　でも、一人じゃ不安だよね？」
生徒：「うーん……おばさんに言う」
教師：「先生から、おばさんに言ってあげようか？　何かあったら言うんだよ」
生徒：「大丈夫。自分で言う。はい、ありがとうございます」

→「さらなるサンプル」（p.41）

指導上のポイント

「聞いて理解できること」を増やす活動例：
・生徒の興味のあるアニメやニュースの映像を一緒に見る活動を通じて、文化的知識や表現を増やし、「聞いて理解できること」につなげる。
・教科書、ワークブック、図鑑、地図などを利用して、複数の生徒とともに学ぶ活動を通じて、教科で使われる日本語の理解をはかる。
「聞いて考える活動」を増やすことで、「聞く」力を育成しましょう。

中学・高校　聞く　レベル5	
このレベルの主な特徴	さまざまな生活場面で日本語を理解するようになるが、学習場面では、理解する力は限られているレベル
子どもの様子・ことばのやりとり	1. 学校の日課（例：朝礼、HR、掃除など）のほとんどで、指示を聞いて理解できる。特に、身近な話題なら、日本語母語話者同士の会話を聞いて、その概要や一部を理解できる。 2. 学習場面では、よく知っている話題で、言語面への補助があれば、学習内容を理解できる。 3. しかし、学習場面で、複雑な言い回しや表現、概念を使って説明されたり、話題を発展させられたりすると、深い部分を聞いて理解するのは難しくなる場合がある。 4. 教科内容について聞く時間が長く、話題の転換が速い場合や、周りの音がうるさい場合には、集中力が下がったり、疲れてしまう場合がある。 5. 生活場面、学習場面で多様な語彙を習得しているが、語彙の使用範囲や語彙の多様性については理解が不十分である。 6. 文の全体像を捉える力や、長くて複雑な複文や主従関係を理解する力は、まだ十分ではない。これは語彙力、構文力、表現力の不十分さから生じる理解の弱さを示している。 7. 学校文化的要素が含まれた口語表現は理解できないことがある。

解説⑤　レベル5は長い坂

このレベルの生徒は、日本語をかなり聞くことができますが、まだ語彙や文法知識や表現力が不足しています。それを獲得するには、長い時間がかかります。そのため、このレベルに長く停滞しているように見える生徒もいます。また、生徒は、思春期で自分が他者からどう見られているかを意識し、「取り出し指導」を受けたくない、必要ないと言う生徒もいます。そのため、日常会話ができるようになるレベル5で「満足」してしまい、それ以上に日本語を学ぶ意欲が出てこなくなる生徒もいます。このような生徒にとっては、レベル5は長い坂のように見え、それ以上の広い世界へ行けない壁と見えることもあります。

3の例

「国連は、世界各国の国民の暮らしの豊かさをはかる上で、一つの目安となる『人間開発指数』を発表した。世界のトップは北欧のノルウェー、日本は19位でした」というニュースを聞いた場合、「日本の生活の豊かさは、世界で19位である」ということを聞き取ることはできるが、それ以外の情報について詳細を聞き取ることは難しい。

5の例

・語彙の範囲や含意がまだ十分に理解できない例
　①「頭をかく」→「ちょっと困った様子を表す」
　②「目を丸くする」→「驚いて目を見張る様子」
　③「足が重い」→「行かなければならないが、気が進まない様子」
　④「息が合う」→「お互いの気持ちがぴったり合う様子」
・語彙の多様性への理解（同じ概念を表す言葉でも、使用場面によって使い分けがなされることへの理解）の例
　① 言う―おっしゃる―申し上げる
　② あした―あす―みょうにち

→「さらなるサンプル」(p.41)

指導上のポイント

生徒の「聞く」力を伸長するためには、語彙力を増やすことも大切です。そのために、ニュースやビデオの映像資料を視聴し、その内容を後で思い出して書き出し、キーワードや複雑な表現を確認し、再度、視聴するという活動が有効です。クラスメイトと一緒に視聴し、新しい語彙を使った対話を通じて練習をするのもよいでしょう。

中学・高校　聞く　レベル6	
このレベルの主な特徴	日本語を聞いて理解し、学習が進むレベル
子どもの様子・ことばのやりとり	1. 学校生活のほとんどの場面において、容易に、聞いて理解できる。 2. 新しい話題について教師が普通の速さで話題を発展させても、ほぼ理解できる。 3. クラス全体の話し合いやグループ活動などでも、話している内容を聞いて、ほぼ理解ができる。 4. ただし、語彙や表現、文法知識がすべて定着しているわけではないため、意見交換のあるグループ活動や討論のようなすばやいやりとりや話題の展開がある場面では、すべてを理解することは困難な場合がある。 5. 日本語母語話者による通常の速さの話を長時間聞くと、疲れを感じる。 6. 文化的な背景知識が必要なだじゃれやユーモア、口語的表現を理解することは、難しい場合がある。

解説⑥　日本語を聞くということ

このレベルの生徒は、日本語をかなり聞くことができますが、まだ語彙や文法知識や表現が不足しています。また、教師も、日本語の音は耳で聞いて覚えるしかないと考えがちです。日本語の音の高さや強さ（アクセント）、文全体の音の高さの変化や文末の音の高さの変化（イントネーション）によっても、生徒は聞きにくく感じたり、誤解する場合もあります。たとえば、「そうですか↗」「そうですか↘」では、話し手の意図に違いがあります。また生徒によっては、第一言語の影響から、カ－ガ行、タ－ダ行、チャ－ジャ行、パ－バ行の音声の混同が見られる場合もあります。日本語の音と第一言語の音との違いを意識したり、考えたりすることから、「聞く」力を伸長したいものです。

1 の例

友人同士による噂話のやりとりに参加し、相手の発言を聞き取ることができる。

4 の例

・グループディスカッションでは、相手の発言を正しく聞き取ることが難しく、司会・進行役などの中心的な役割を担うことは難しい。

6 の例：口語的表現表現「やばい」

「やばい」は、肯定的な意味（すごい、かわいい、など）で使う場合と、否定的な意味（ひどい、ありえない、など）で使う場合があり、話の文脈をきちんと聞き取ることができないと、相手の意図を正しく理解することができず、困難を覚える場合がある。

6 の例：心的態度や感情を示す表現

・「きっと……だろう」／「どうも……らしい」／「……つもりだ」など、話者の推量や判断などの心的態度や感情を理解することは難しい。
・予定を尋ねたときの返答として、「明日は大丈夫かもしれない」「たぶん明日は大丈夫」「明日、大丈夫かもね」など、断定を避ける表現や、返事を曖昧にする表現などを聞き取り、相手の意図を推し量ることは難しい。

→「さらなるサンプル」(p.43)

指導上のポイント

映像教材を見て、必要に応じて再生し、その要点や細部を聞いて理解できるように、指導をすることも大切です。しかし、文脈や映像から得られない知識や内容に関する情報は、事前に理解の手がかりや説明が必要です。つまり、「聞く」力も「読む」力も、考える力と密接に関連しています。

中学・高校　聞く　レベル 7	
このレベルの主な特徴	ほとんどの場面で、聞いて理解できるようになってくるレベル
子どもの様子・ことばのやりとり	1. 年齢と学年に応じた生活場面、学習場面において、ほとんどの発話を聞いて理解できるようになる。 2. 身近でない話題の談話を聞いても理解できる。 3. 聞くことに集中でき、また、周囲の雑音があっても聞き取れる。 4. ただし、社会文化的な経験や知識が足りず、聞きもらすことがある。 5. 日本語母語話者が使う、スラングや方言などを理解する力がついてきているが、まだ完全に理解するにはいたっていない。

解説⑦　音声学習の学習動機

このレベルの生徒は、日本語を聞くだけではなく、日本語によるコミュニケーションも十分にできるレベルです。「聞く」力と「話す」力は相互に関連しています。自分の発音を聞いて評価する力（自己評価力）や耳から聞く日本語の意味を推量する力（聴解力）を意識的に考えることによって、音声学習の学習動機を上げることも大切です。そのためには、教師が生徒と対話をしながら、あるいは生徒同士が対話をしながら、それぞれの生徒が主体的に音声学習に取り組む課題と機会が与えられることも大切です。

2 の例

弁論大会のスピーチ、校長先生の講話

4 の例

・環境問題、経済問題など、複雑な話題のテレビ番組などを正確に聞き取ることはできない。ただし、学習内容に関する映像資料を、自分に合ったスピードで繰り返し視聴できれば、日本語母語話者の生徒と同じようにタスクをやり終えることはできる。

・歴史の場合、主要なキーワードとなる人物名や事件名などを聞き取ることができるが、その内容について、正しく聞き取ることが難しい場合がある。

・公民、現代社会などで、専門的な用語や抽象的な語句を聞き逃すことがある。

5 の例

・スラング（「る」言葉）の例：「パニクる」（頭がパニックになる）

・省略された表現の例：「ばっくれる」（しらばっくれる）

→「さらなるサンプル」（p.43）

指導上のポイント

話の展開が速く、内容が抽象的で複雑な場合は、教師のような支援者が必要です。たとえば、映像資料を見て討論するような活動ではわかりやすい表現に言い換えたり、論点を明示したり、話の内容を整理して板書するなどの補助があれば、聞いた内容を整理して発表したりする力を発揮します。社会文化的情報が多い場合も、語句の説明が必要です。ただし、アニメなど、得意な分野では、「聞く」力が高度に発達している場合もあります。生徒の個人差に留意して指導したいものです。

中学・高校　聞く　レベル８	
このレベルの主な特徴	日本語を聞いて十分に理解できるレベル
子どもの様子・ことばのやりとり	1. 年齢と学年に応じた生活場面や学習場面において、あらゆる発話を難なく聞いて理解できる。 2. 速い発話も理解できる。雑音が多いところでも、聞くことに集中し理解できる。 3. ほとんどの慣用表現やスラング、文化的なニュアンス、特定の集団に特有のことばの使い方などは理解できる。しかし、ごく一部の集団に限られるようなユーモアや耳慣れない熟語は理解できない。 4. 文化的、歴史的、慣用的な用語や比喩、テレビのコメディなどで使われる、社会や文化事情に深く根ざした表現などを聞いて理解するのは、依然として難しい。 5. ただし、そのような場合でも、全体的な内容の理解を大きく妨げるものではない。

解説⑧ 「聞く」力は、知識や情報の量と関連する

このレベルの生徒は、日本語を流暢に話していることが多く、一見何を聞いても理解しているように見えますが、社会や文化事情に関連した事柄などについてはわからないこともあります。その点についてはまだ補助が必要なレベルです。このように、「聞く」力は、知識や情報の量とも関連することにも、留意したいものです。

2の例

・人混みでの会話や電話などにおいても、相手の発言を正しく聞き取ることができる。

3の例

・中高生の若者ことばや、インターネットの掲示板などで使われる言葉、地方の方言など。

・馴染みがない場合は、聞き取ることが難しい。たとえば、四字熟語（例：以心伝心、古今東西）を交えた話し言葉、文学的表現を交えた話し言葉（例：長時間という意味で、「気が遠くなるような時間」）、特定のテレビ番組などから派生した表現など。

5の例

・テーマに関する明確な導入や語彙の説明などがあれば、政治、経済、環境、歴史など、難易度の高いテーマの議論に参加し、相手の意見を正しく理解することができる。また、高校生の場合は、大学入試における面接試験で出題されるようなテーマについても、相手の意図を正しく聞き取ることができる。ただし、適切な受け答えができるとは限らない。

→「さらなるサンプル」(p.43)

指導上のポイント

適切な指示があれば、年齢と学年に応じた範囲内で、比較検討、分析、推論、類推などを行う力を発揮し、議論や討論に参加していくことができます。「主体的・対話的で深い学び」を通じて、「聞く」力も豊かに伸長したいものです。

さらなるサンプル＆情報 「聞く」

レベル１

３の例

・日本語はわからなくても、話し手の表情や動作、声の調子、あるいは、その場の人間関係を類推して、やりとりを理解しようとする。

５の例

・日本語の単語を聞き取ることも難しいため、すべてのやりとりを、第一言語を話す人に、頼りきることがある。

６の例

・第一言語であれば、丁寧な表現と打ち解けた表現の違いを聞き取り、話し相手の意図を理解することができるが、日本語では、同じことができない。

・漢字圏出身の生徒の場合、英語の表現を「受動態」「比較級」などの漢字で示すことによって、学習内容についてのやりとりが可能になる場合がある。ただし、日本語を聞き取って理解することは難しい。

レベル２

１の例

・「学校、好き？」「お母さんは？」など、比較的簡単な単語レベルであれば、相手が上昇イントネーションを使うことによって、質問の意味を推測することができる。

・ジェスチャーをしながら、「静かにして」「ドアを開けてください」など、簡単な内容であれば、聞いて意味を推測できる。

３の例

・聞き覚えのある言葉や表現と文脈を照らし合わせて、相手の話す意味を推測しようとする。

例：「どうやってここへ来ましたか？　バス？　電車？　歩いて？」「ええと……、電車」

レベル３

４の例

・聞き慣れない語彙の例

「友だち」の代わりに「友人」「昨日の夜」の代わりに「昨夜」など。

６の例

・教科特有の用語を学習し、それに焦点を当てながら聞く傾向がある。たとえば英語の授業の場合、「否定文」「疑問文」「現在形」「未来形」「過去形」など、繰り返し出てくる語彙を単語レベルで聞き取り、話の流れを推測しようとする。

レベル 4

3 の例

・たとえば、「〜とか」「〜みたいな」「〜じゃないかと思います」「〜じゃないかと思うんですけど」など、断定を避ける言い回しなど、曖昧な表現が会話の中で多用されると、話の筋を追えなくなることがある。

・視覚的に理解しやすいアニメ番組などは、日本語で鑑賞することが、徐々に可能になる。ただし、すべてを理解することは難しい。

4 の例

・一人称の「僕」「俺」「わたし」「あたし」「うち」など、語尾の表現「〜ちゃった」「〜じゃん」などは、理解できる場合がある。

5 の例

・聞き取ることはできたが、意味がわからなかった言葉を拾い、相手に尋ねることができる。

6 の例

・第一言語を話す人がいると、自分では日本語を聞こうとせず、その人にやりとりを頼ってしまうことが、依然としてある。

レベル 5

2 の例

・生徒が聞き取った内容を一緒に確認したり、気づかずに聞きもらしている事柄を伝えたりする、などの補助があれば、教科の授業に参加し理解することができる。

3 の例

・美術の授業で、ある絵画について解説する映像資料を見た場合、絵を見ればわかるようなこと（何が描かれているか、どのような技法が使われているか）を聞き取ることはできる。しかし、絵を見ただけではわからない、その作品に付随する情報（時代背景、文化的背景、作者のエピソード）まで聞き取ることは難しい。

・友だち同士のやりとりにきちんと参加できているのに、教科の授業になると、教師の指示が聞き取れないことが多々ある。

例：英語の授業の場合、次のような困難がある。

①高校入試におけるリスニング問題で、「日本語で解答しなさい」という指示が聞き取れず、英語で解答してしまったために、実力が発揮できない。

②英語の並べ替え問題や穴埋め問題など、日本語での高い聞き取り能力が必ずしも必要でない場合には答えることができるが、教師が口頭で、和文英訳を指示した場合には、日本語の聞き取りが難しく、答えられない。

・馴染みのない話題の場合、言葉をまとまりとして聞き取ることが難しい。

例：日本の政治、経済、歴史など。

「ひらつからいちょうがざっしせいとうをはっこうしました（平塚雷鳥が、雑誌「青鞜」を発行しました）」と聞いて、どこまでが言葉のひとまとまりなのかを瞬時に判別することができない。また、聞き取った言葉が何を示しているのか（例：人物名なのか、組織名なのか）を聞き取り、判別することも難しい。

5の例

・「ので」の前に来る文は理由や原因を示し、「ので」の後に続く文は結果を表すなどの理解が不十分な場合がある。

・レストランでのやりとりにあるような、「ライスとパンのどちらになさいますか」「お飲み物はいかがいたしますか」「こちらのコースにはデザートが付いてまいります」など、店員が客に対して使う表現を聞き取ることは、難しい場合がある。

・「でも」を使った文章を例にとると、

(1)今日は風邪ぎみだった。でも、学校を休まなかった。

(2)アルバイトをやめた。でも、これからどうするつもり？

(3)でも、本当によくがんばったね。

これらの、ニュアンスの異なりを聞き取り、正しく相手の意図を理解することは難しい。

7の例

・高校入試で行われるような面接試験の練習において、「志望理由を教えてください」「この高校を選んだ理由を教えてください」「高校で一番がんばりたいことは何ですか」など、予測できる質問は聞き取れるが、予測しにくい質問に対しては、何を聞かれているかを理解できず、受け答えが難しくなる。

・口語表現の例：

(1)「明日から一週間、朝練があるからね」

「朝練」が理解できない、朝早く練習するという文化がないため。

(2)「また、あとでね」

「断り」の意を表していることに気づかず、待ってしまう、など。

・第一言語で教育を受けた経験のある生徒の場合：

学校生活においてはあまり目立たないが、学習の面で良い成績を収めるものもいる。それは、第一言語ですでに学習していたり、学習スキルを持っていたり、得意科目であったりするためである。このような生徒は、それぞれの教科に特有の語彙使用域を習得したり、教師と生徒間のことばをよく理解するようになる。このような場合、学習者はモチベーションが高く、日本語を使用するためのさまざまな方略（ストラテジー）を発揮する。

方略の例：

・新しい概念やことばを学習する際にカード化する。

・わからないときはその都度、聞き返す、など。

レベル 6

4 の例

・理科の授業では、実験結果の予測をするやりとりに参加することができる。

・国語の授業では、文学的な読み物に対する感想などを聞き取ることができる。ただし、「人生は旅だ」「今が正念場」「彼はクラスの中で浮いている」などを、瞬時に理解することは難しい。

・数学の場合、記号のみを見て正しく解答できる場合があるが、「補集合を求めなさい」「集合の要素を並べなさい」「四捨五入しなさい」など、教科特有の語彙を使った指示を聞き取り、理解するには補助が必要である。

・教科の授業のときに、板書を写しながら同時に教師の説明を細部まで聞き取ることは難しい。

・話題の展開が速かったり、文化的な知識が必要な場合は、話題の流れを簡単に整理し直したり、文化的な知識について例をあげて説明するなどの補助が必要である。

・映画やテレビ番組などでも、第一言語による聞き取りを好む場合がある。

レベル 7

3 の例

・友だちとの討論において、相手の主張を聞き取ることができる。

・中学生の場合、英語の試験のリスニング問題に出てくるような指示文やリード文を聞き取り、求められている内容を理解することができる。

「問題Ａでは、問題に対する答えを英語／日本語で書きなさい」

「問題用紙の余白にメモをとっても構いません」

「これから聞く英語は、ある外国人旅行者が、日本を訪れたときの思い出を語ったエピソードです」

レベル 8

1 の例

・話し相手の口数や相づちが少なくなったときなどに、相手の気持ちを察することができるなど、場の雰囲気を感じ取り、会話をコントロールすることができる。

4 の例

・生徒が困難とする文化的内容の理解の例

「日本特有の縁起かつぎ」「試験の前にとんかつを食べる習慣」など。

・よく使われる慣用句、四字熟語、ことわざ、比喩的表現など。

・日本の歴史に根ざしたこと（例：日韓・日中関係）や、最新のポップカルチャー（例：音楽・

ファッション）に関することなど、あまり馴染みのない場合は、会話についていけないことがある。ただし、テーマに関する説明があれば、正しく聞き取り、大筋が理解できる。

❸

JSLバンドスケール　中学・高校

【話す】

中学・高校　話す　レベル１	
このレベルの主な特徴	初めて日本語を話すレベル
子どもの様子・ことばのやりとり	1. 言いたいことが言えず、ジェスチャーや一語文を使う。 2. 「ありがとうございます」「ごめんなさい」「すみません」など、よく使われる日本語を知っている場合もある。 3. 身近な単語をいくつか言うことができる場合もある。 4. 来日したばかりで何も知らない場合もあるし、何も話さないで過ごす「沈黙期間」に入っている場合もある。 5. 他人が言ったことや、クラスではやっている決まり文句を覚え、それを試そうとする。 6. 内容が理解できないため、同じ第一言語を話す人から、話題や内容、キーワードを聞き出そうとする。 7. 日本語を「話す」力はなくても、第一言語で「話す」力はある。第一言語を使う家庭・地域社会などでは、生徒の年齢に応じた範囲で、第一言語を流暢に話すことができる。

解説①　「移動させられた子ども」

中学生や高校生で来日し、編入学する生徒は、第一言語で自由にコミュニケーションをしていた世界から、親の都合などで、知らない言葉の世界に急に「移動させられた」と感じる場合もあります。そう思っている生徒は、不慣れな学校生活にストレスを感じ、学習意欲が減退し、投げやりに見えたり、反抗的に見えたりすることがあります。しかし、生徒が日本語を一つ覚え、その語で、気持ちが通じたと思う瞬間から、心が解け始めていくこともあります。そんな瞬間に立ち会うこともあるでしょう。

1 の例

・直接的欲求：「〜ください」「ほしい」「いや」「帰ってもいいですか」を表情やジェスチャーで表す。

・教師が「わかった？」と聞くと、頷いたり首を横に振ったり、「うん」「ううん」「はい」「いいえ」と言ったりする。

2 の例

・教師：○○さん、こんにちは。
　生徒：こんにちは。

・授業が始まる前に、「よろしくお願いします」と言う。

3 の例

身近な単語：学校名、バス停名、最寄りの駅名など。

4 の例

教師が話しかけても何も答えなかったり、机にうつ伏せてしまったりする。

「沈黙期間」→キーワード解説「沈黙期間」(p.124)

6 の例

・同じ言語を話すクラスメイトに第一言語で「今何やっているの？」と尋ねる。

・教師：今日、何時に起きましたか？
　生徒：(第一言語がわかるクラスメイトに質問の意味を尋ねてから）あ、7。

→「さらなるサンプル」(p.62)

指導上のポイント

　このレベルの生徒は、まだ日本語ができませんが、認知的にはその年齢に見合った成長をとげている場合がほとんどです。ここで大切なのは、生徒を一人の人間として認め、対応することです。生徒は自分が一人の人間として認められていると感じるときに、主体的な学びが始まります。

中学・高校　話す　レベル２	
このレベルの主な特徴	日本語に慣れ始め、日本語を話そうとするレベル
子どもの様子・ことばのやりとり	1. 身近な場面で使う挨拶などの言葉を覚え、使い始める。 2. 一対一のやりとりで、話題が理解しやすい場合、簡単なやりとりができる。 3. やりとりを続けるためには、言い換え、繰り返しを多用し、発言を待ってくれるような聞き手が必要となる。 4. 話すとき、第一言語の影響が、発音、アクセント（高低・強弱）、イントネーションのパターンなどに現れる。 5. 適切な日本語がわからないときは第一言語を話す人を求める。 6. 学習したパターンを文法上使用できない単語にまで応用させたり、組み合わせたりするため、不完全なことがある。 7. 日本語の語彙の範囲は基本的なことに限られる。

解説②　中学生・高校生で来日した生徒の場合

このレベルの生徒には、二言語辞書を使うなどして、日常的な生活のために必要な基本的な語彙を増やすことが大切です。そのためには、明確な文脈を提示して、その文脈とともに語彙を理解したり、使用したりする機会を増やすことです。その場合に必要なのは、語彙を教えるために文脈を設定するのではなく、「考える課題」を提示し、考えることと日本語を習得することを同時に行う活動を行うことです。その中で、学習に関連する語彙や表現、質問したり自分の意見を述べたりするときの基本的な日本語を覚えていくでしょう。

2の例

・個人的な情報についてのやりとり

教師：○○さんの誕生日はいつ？
生徒：８月。先生は？

・在籍クラスで、隣の席のクラスメイトとの会話で

クラスメイト：○○さん、赤いペン貸して？（ジェスチャーで示す）
生徒：はい。(ペンを渡す）

6の例

「かっこいいの人」「悪いでした」「楽しいじゃなかったです」

7の例

物の名前（文房具など）、家族、学校やクラスに関する基本的なこと（当番、時間割、掃除など）、拒否のことば（いいえ、いやです）、命令や行動（～ください、して）、基本的な要求、食べ物（給食、弁当）、往来発着（行く、来る）、好き嫌い（好きです、嫌いです）、事物を示す「これ」、場所を示す「ここ」、時間を示す「さっき」、説明するときの「これは」、簡単な接続詞「て、そして」など。

→「さらなるサンプル」(p.62)

指導上のポイント

明確で具体的な補助（単語カード、絵、図表、写真、グラフなど）があれば、基本的な学習場面のやりとりに参加できます。「世界各地の気温と雨量のグラフ」「日本のバナナはどこからくるか」「なぜオーストラリアのクリスマスに、雪はないのか」などから、「多い、少ない、高い、低い、暑い、寒い、どちらが、なぜ、……と思う」など、知的な活動を通じて考え、基本的な語彙も習得していくことができるでしょう。

中学・高校　話す　レベル3	
このレベルの主な特徴	日本語で学習する段階へ移行しつつあるレベル
子どもの様子・ことばのやりとり	1. よく聞いてくれる聞き手がいれば、一対一の簡単なやりとりに参加できる。 2. 身近な話題については、短い会話に参加できる。 3. 一対一の場面では、知らない単語の意味や日本語の単語を尋ねたりするが、在籍クラスの授業では教師とクラスメイトの会話に参加することは難しい。 4. 語彙を知らないときは、遠まわしに言ったり、口ごもったりする。 5. 簡単な接続表現を使って話すことができるが、複文を使った発話は少なく、話が長くなると、断片的な発話になる。 6. 動詞の活用や時制の組み合わせは不規則である。第一言語の時制規則の影響を受けている場合がある。 7. 考えている深い内容や複雑な考えを述べようとすると、時間がかかり、語順が乱れる。

解説③　「声が届く体験」

このレベルの生徒には、「よく聞いてくれる人」が必要です。「よく聞いてくれる人」とは、「生徒の発話を理解しようとして聞いてくれる人」というだけではなく、「生徒を人として認めてくれる人」を意味します。そのためには、たとえ生徒が発する日本語に誤りがあっても、それを訂正するよりも、生徒が伝えたい内容を想像し、それに応える態度を見せることが大切です。生徒は、自分の日本語が間違っていても、この人なら、自分の言いたいことを何でも受け止めてくれる人だと思うとき、さらに日本語を使おうという気持ちになります。これが、「声が届く体験」です。この体験を積む生徒は、自分が他者に受け入れてもらっているという「社会的承認」を体験することになり、それが自尊感情を高め、学習動機を上げることになります。

1 の例

教師：昨日の部活、どうだった？
生徒：走った。それから、シュートの練習。
教師：試合は、近いの？
生徒：試合？　うん、日曜日。

2 の例

教師：あれ、●●さんは？
生徒：今日は、来ません。
教師：どうして？
生徒：●●さんは、風邪です。

3 の例

教師：来週の月曜日から試験があるね。
生徒：シケン？　シケンは何ですか？
教師：あっ、テストのことだよ。
生徒：テスト。いつですか？
教師：来週の月曜日からだよ。

4 の例

取り出し授業で、生徒が早く在籍クラスに帰ろうとする場面で。

教師：どうして、早く帰るの？
生徒：えっと、給食で、友だちに給食をあげます。仕事をします。
教師：ああ、給食当番なんだね。
生徒：ええ。

5 の例

生徒：遠足にいって、弁当、おいしかった。お母さんが作った。お母さんとスーパーにお菓子を買いにいった。バスでゲームをした。

6 の例：現在と過去の時制が混在する例

生徒：昨日、友だちと 10 時に駅で会って、ゲームセンターに行って、それから、ハンバーガーを食べます。

→「さらなるサンプル」(p.63)

指導上のポイント

このレベルの生徒の中には、身体的発達・文化的差異・個人的性格などから、間違いを恐れ、話したがらない生徒もいます。生徒の言いたいことを受け止めることが、指導の基本です。生徒の発話に誤用があっても、それは、日本語を創造的に、積極的に使用していく発達途上であることを示していると考え、生徒の主体的な発話を肯定的に評価することが大事です。

誤用→キーワード解説「誤用」(p.125)

中学・高校　話す　レベル４	
このレベルの主な特徴	日本語によるやりとりの範囲が拡大していくレベル
子どもの様子・ことばのやりとり	1. 親しい聞き手との間では、さまざまなやりとりができる。 2. 自分のことや過去の出来事について、短い発話で、説明できる。 3. 複雑な気持ちや事柄を日本語で表現しようとするが、その場合に、聞き手がよく聞きながら、時には質問や言い換えをするような補助が必要である。 4. 話をしているときに、訂正されることを嫌がることもある。 5. 準備のないまま長い発話をすると一貫性がなくなる。 6. 日本語でもっと話そうとするが、理解できる日本語と話せる日本語が違うことに気づいているので、フラストレーションを感じる。 7. 語彙や表現の使い方やニュアンスの違いを理解し始める。 8. 生活場面で、自分の言いたいことを表現する語彙はある程度あるが、意味を確認するために自分の知っている表現で言い換えるため、説明が長くなることもある。

解説④　日本語によるやりとりの範囲が拡大していくレベル

このレベルの生徒は、以前に話したことのある話題やよく知っている話題については、何度も話そうとしたりしますが、学んだこと以上に表現を広げようとすると、さまざまな誤用、発話の不自然な途切れ、自己訂正の繰り返し、不自然なイントネーション、ジェスチャーの多用などが見られたりします。そのため、あまり生徒の発話に慣れていない聞き手は、生徒が何を言いたいかわかりにくいと思うかもしれません。

また、生徒は、日本語の知識や語彙の不足、流暢さの欠如も自覚しているので、複雑な考えや感情を表現できず、イライラすることもあります。その背景に、第一言語では、もっと複雑な内容を話せるという意識があるかもしれません。

これらの生徒の実情をしっかり受け止めながら、日本語の指導を考えることが大切です。

2 の例

生徒：昨日、部活で試合があった。
教師：どうだった？
生徒：負けちゃった。シュートしたけど。あっちのチームがとても強かったから。めっちゃ、くやしかった。

3 の例

「父の友だちが買ってくれました」と言えず、「父の友だちが買いました」と表現する。

4 の例

教師や周りのクラスメイトなどが補助しようとすると「ちょっと待って！」と自力で言いたい語彙や表現を思い出そうとする。

7 の例

丁寧な表現や敬語を使うことに気づいたり、「30 分<u>も</u>ある」と、「30 分<u>しか</u>ない」の違いを意識したりする。

8 の例

教師：○○さん、昨日の学園祭のこと教えてくれる？　何したの？
生徒：えっと、クラスでお店をして、それから、私と●●さんと一緒にして、それで、歌を歌って、えっと、楽しかったです。

→「さらなるサンプル」(p.63)

指導上のポイント

　このレベルの生徒は、在籍クラスでの学習についていくことはまだ困難であり、特別な指導が必要です。ただし、生徒の中には、第一言語ではもっと「深い」考えを表現できる力がある場合もあります。事前に書いた原稿、発音の練習などがあれば、その原稿を見ながら、短い口頭発表をすることができますし、簡単な質問にも答えられます。そのような日本語を使った「考える活動」「やりとりする活動」を行い、「ことばの力」と学習意欲を育てることが大切です。

中学・高校　話す　レベル5	
このレベルの主な特徴	さまざまな生活場面で日本語を理解するようになるが、学習場面で話す力は限られているレベル
子どもの様子・ことばのやりとり	1. さまざまな生活場面で日常会話を理解し、やりとりに参加していくことができる。 2. 複雑な談話では正確さに欠けるものの、自分から話しかけたり、長い会話を続けたりできる。 3. 発音なども日本語母語話者とあまり変わらないこともある。 4. 相手と自由にやりとりするための方法を身につけ、自分なりの話し方のスタイルを確立し始める。 5. 学習場面では、クラスメイトとやりとりしながら学習活動に参加できるが、複雑な考えや意見を述べることは難しいため、発話に「深み」がない。 6. 相手の受け答えのスピードが速すぎると、話についていけない。 7. 副詞、形容詞、形容動詞など、たくさんの語句を知っていても、プレッシャーを感じるときや急に発話を求められた場合、不正確になり、うまく表現できないこともある。

解説⑤　レベル5は長い坂

このレベルの生徒は、日本語の知識や能力が広く浅く発達する傾向にあり、日常会話はかなりできるように見えます。ただし、そのような会話ができても、物事を深く理解したり、さらに高度な日本語を学ぶことになるとは限りません。なぜなら、このレベルに「満足」してしまい、このレベルの日本語でやり過ごしてしまい、それ以上に日本語を学ぶ意欲が出てこないからです。そのため、このレベルに長く留まる生徒もいます。このような生徒にとっては、レベル5は長い坂のように見え、それ以上の広い世界へ行けない壁と見えることもあります。このレベルの生徒は、日常会話ができるため、特別な指導が必要ない生徒と見られる傾向もありますが、引き続き、在籍クラスでも継続的な配慮と指導が必要です。

4 の例

「……じゃないですか。で、……じゃないですか」

「……ね、それで……ね、わかるでしょ？」

5 の例

理科の授業で扱う「光合成」や「食物連鎖」といった言葉や、歴史の授業で扱う「幕府」や「鎖国」といった用語を学習しても、それらを使用して論理的に説明したり、意見を言うのは難しい。

7 の例

クラスメイトや部活の仲間など仲の良い相手とは自由にやりとりができているが、クラス全体で討論をしているときや、あまり関わりのない教師や校長先生などに対して十分に話ができなかったり、適切な表現（敬語など）を使えなかったりする。

→「さらなるサンプル」（p.64）

指導上のポイント

日常会話ができるため、一見すると問題がないように見えますが、在籍クラスで学習を理解していくことは非常に難しい段階です。事前に用意した短い口頭発表はできますが、その内容について質問があった場合には、準備ができていないので一貫した答えを言うのは困難です。また、口頭発表で使った語句を適切に変化させなければならないために、対応が十分にできません。

その点を踏まえて、在籍クラスでも、「なぜ」「どうして」「私はこう思う。なぜなら……」といった課題から、主体的・対話的に深く考える学習活動を丁寧に行うことが大切です。

中学・高校　話す　レベル６	
このレベルの主な特徴	日本語を理解し、学習が進むレベル
子どもの様子・ことばのやりとり	1. 生活場面でも学習場面でも、会話に参加できる。 2. 微妙な表現や細かいことを言うには、まだ聞き手の助けが必要なことがある。 3. 広い語彙を持っているが、正確な表現がわからないときは言い換えることができる。 4. やりとりの場面では、日本語母語話者同士の会話に加わったり、意図して加わらなかったり、積極的に話したりなどさまざまな方法で参加することができる。 5. 討論やディベート、質疑応答、弁論、生徒会活動、クラス討論など、学校内の活動にうまく参加していくには、支援が必要である。 6. さまざまな語を知っており、意味を正確に伝えようとする力は十分にあるが、文法的な間違いは依然ある。 7. 発音を間違えたり、独特のアクセントで話したりすることもあるが、これは聞き手側にとって会話を妨げるほどではない。

解説⑥　深く考えることと「ことばの力」

このレベルの生徒は、日常会話でも、学習場面でも、自分の思ったことは言えるようになります。ただし、自分の考えている内容が正確に言えているかは、自分でもわからないまま、過ごしていることでしょう。このレベルの生徒の場合、考えている内容を日本語でどのように表現するかを、教師とともに考えることが大切です。そのためには、深く考える活動が必要です。深く考えるために、教師、あるいはクラスメイトと、時間をかけて深くやりとりをすることが不可欠です。その中で、微妙な表現の違いや、説得的な説明、論理的な思考など、考える活動を深めていく実践が、「ことばの力」を発展させることにつながります。

2の例

環境問題に関する評論文を読んだ後の会話

教師：この本を読んで、どんな感想がありますか。
生徒：森林伐採は良くないと思いました。
教師：どうして？
生徒：森林はいろいろな大切な役割があるから。
教師：じゃあ、森林を守るためにはどうしたらいいと思う？
生徒：えっと、たとえば、紙を、少し書いて、やめて、次の紙に書いて、えっと、そういうのをやめる？
教師：紙の無駄遣いをやめる？
生徒：そう。

3の例

教師：○○さんは、高校卒業したらどうするの？
生徒：大学に行きたい。でも、お金が高いでしょ？　だから、ほら、学校から借りるお金があるでしょ？　それを借りたい。
教師：あっ、奨学金？
生徒：そう、奨学金を借りる。

6の例

・「全然」「ふつう」「たいていは」「～かもしれない」など程度や頻度に関する表現などを知っているが、適切に使用できない場合もある。
・「いきいきと」を、「いきいきに」と言う。

7の例

・「簡単だけどね」を「簡単けどね」と表現する。
・「言って」を「言いて」と発音する。

→「さらなるサンプル」(p.65)

指導上のポイント

ICT教育の方法を使い、自分たちで設定したテーマを、クラスメイトとともに考え、議論をし、準備した内容を、クラスで発表するような活動が有効です。豊かなプレゼンテーション能力は、自信と「話す」力を大いに伸長するでしょう。

中学・高校　話す　レベル７	
このレベルの主な特徴	ほとんどの場面で、日本語を使用できるようになってくるレベル
子どもの様子・ことばのやりとり	1. ほとんどの生活場面、学習場面で、さまざまな目的に応じて適切に日本語を使う能力が定着してきている。 2. 複雑な考えを正確にかつ詳細に述べたり、クラスメイトと議論したりすることができる。 3. 予測できない、すばやいやりとりにも対応できる。 4. 流暢に日本語を話すが、ときどき文構造や語彙の選択、発音やイントネーション、社会文化的事項の点で、誤用が見られる場合がある。 5. ときどき、第一言語の影響が発音に残ることもあるが、それがコミュニケーションの妨げになることはない。

解説⑦　「話すこと」を学ぶこと

このレベルの生徒は、十分に日本語を話すことができます。そのため、教師はこれらの生徒の話すことを指導しなくてもよいと判断しがちです。そのように判断する理由は、生徒とコミュニケーションができるからという点が考えられます。しかし、レベル７、レベル８は、「指導が必要ないレベル」という意味ではありません。大切なのは、生徒自身が「話すこと」に関心を持ち、「話すこと」を学ぶことによって、主体的に日本語を話そうという意識を育てることです。

中学生・高校生は自分のことばで自らを確認したり表現したりしながら、進路を決め、キャリアを築いていかなければならない側面があります。「日本語が話せるようになること」が最終目標ではなく、どう生きるかを日本語で考え、表現する力を育成することが大切です。

1 の例

相手に依頼があるときに、その相手に、会う日時を提案したりする。

生徒：先生、今度、進路のことで話がしたいんですが、いいですか。
教師：いいよ。いつにする？
生徒：明日の放課後は、いいですか？
教師：わかった。じゃあ、職員室に来てください。

2 の例

・小グループで行う問題解決学習の場面など。
・文化祭のクラス討論において、Ｔシャツの文字の色は赤か紫がいいと意見を述べる。

5 の例

・「在宅」→ザ行音、「ジャいたく」
・「言って」→「言て」 促音「っ」が抜ける。

→「さらなるサンプル」(p.65)

指導上のポイント

生徒が話す日本語を見ると、語彙や表現、発音、日本の社会文化的事項に関して「誤用」や「逸脱」があると気づくことがあります。ただ、それらの「誤用」や「逸脱」がなくなるようにすることが「話すこと」の指導とはいえません。生徒自身がどのような場面で、誰に、どのような内容を、どのように伝えたいと考えるかということを、生徒と一緒に考えることが、指導の基本となります。

中学・高校　　話す　　レベル８	
このレベルの主な特徴	日本語を十分に使用できるレベル
子どもの様子・ことばのやりとり	1. 生活場面、学習場面で、さまざまな目的に応じて、流暢に日本語を使いこなすことができる。 2. 教科内容の説明や授業範囲のあらゆる談話に参加できる。 3. 四字熟語やことわざなど耳慣れない熟語や、自分が属さない集団に限られるようなユーモアなどは、理解が難しい場合がある。 4. 一部に耳慣れないアクセントがあっても、違和感を覚えないほど、流暢に日本語を話せる。 5. 比喩的表現や熟語、社会文化的事項などに関する広い知識を持つが、ときどき誤用も見られる。

解説⑧　「話すこと」は生きること

「文は人なり」という言葉があるように、「話すことは人なり」、つまり、話す内容や話し方には、その人自身のすべてが反映されます。日本語を学ぶ生徒たちも、第一言語とは別に日本語を使用することに、その生徒自身のすべてが反映されると考えることができます。つまり、「話すこと」は、その生徒自身がどう生きるかと直結しているのです。日本語の発達段階を把握することだけで、日本語教育が終わるわけではないのです。

1 の例

大人数の前でも、聞きやすい声の大きさ、話の簡潔さ、話す内容などを意識しながらスピーチをする。

3 の例

耳慣れない熟語：ニュースで使われるような専門用語など。

5 の例

クラス討論で、趣旨説明をする。

「今、世界で温暖化の問題が注目されていますが、生徒会でもこの問題に取り組んでいきたいという意見があるので、みんなも意見を言ってください。十人十色でいいので、お願いします」

指導上のポイント

日本語を学ぶ生徒には、第一言語の知識や体験があります。第一言語が話せない場合もあるかもしれません。しかし、幼少期より家族の中で第一言語が使用され、それを耳にした記憶が残る場合もあります。これらの生徒が感じる第一言語を含めた複言語・複文化能力と向き合い、生徒自身がどのように生きていくかという課題が、最も重要なテーマです。そのテーマについて生徒自身が考え、自分の意見を述べることも、「話すこと」の大切な実践といえるでしょう。

さらなるサンプル＆情報 「話す」

レベル１

１の例

・ジェスチャーや一語文を使う。

例：教師：給食で何を食べましたか？（ジェスチャーや絵を交えて質問する）
　　生徒：パン。

６の例

・同じ第一言語を話す人に頼る。

例：第一言語がわかる友だちや教師に自分の気持ちや考えを積極的に話す。

７の例

・第一言語の辞書を使うこともある。

例：教師：日曜日にどこへ行きましたか？
　　生徒：（辞書で語彙を調べ、教師に辞書を見せる）
　　教師：あ、海に行ったんだね。
　　生徒：うん。

レベル２

２の例

・簡単なやりとりの例

教師：昨日、学校で何した？
生徒：体育。グラウンド……。
教師：体育の時間に、グラウンドで、何をしたの？
生徒：サッカー。
教師：体育の時間にグラウンドでサッカーをしたんだ。
生徒：うん。

６の例

・学習したパターンを転移させたり組み合わせたりする。

例：「きれいじゃない」「元気じゃない」と同じパターンを「楽しい」にも転移させる
　生徒：昨日は、家にいました。だから、楽しいじゃなかったです。

７の例

・たとえば、「一日の出来事を話す活動」では、事前にイラスト・第一言語・知っている日本語が記入されたワークシートなどがあれば、それを見せたり読んだりしながら一日の出来事を説明する。

例：生徒：8 時に起きました。9 時にご飯を食べました。10 時に勉強しました。

レベル 3

2 の例

・グループ活動では、「うん」「いいよ」「いや」「だめ」「次」など協同作業をするための言葉を使うことができる。

5 の例

・明確で具体的な補助があれば、動詞の変化や時制を適切に使うことができる。たとえば、何かの作り方・使い方を説明する活動では、事前にイラスト・第一言語・知っている日本語が記入されたワークシート（レシピ）などがあれば、それを見ながら、動詞を適切な形に変えて説明する。

例：生徒：にんじんとじゃがいもと玉ねぎを切って、次に、それを炒めて、それから、塩と胡椒を入れます。

6 の例

・よく話す場合でも、語尾が不明瞭だったり、アクセント（高低）やイントネーションが不正確だったり、不必要なところで中断したりするため、意図しているとおりに伝わらないこともある。

・頭では第一言語と日本語の音の違いを理解しているものの、第一言語の影響により日本語らしい発音ができないこともある。

7 の例

・複雑な発話になると語順が乱れる。

例：教師：○○さんの時計、きれいな時計だね。
　　生徒：これ、お母さんから誕生日のとき、私にもらいました。

例：教師：将来、何になりたいですか。
　　生徒：私は、宇宙飛行士だけ、好きです。勉強、違う……何……？　全部、work　何？　働く？　宇宙飛行士について、本を、読みます……読みました。

・因果関係を表現する複文を作る力がないため、不確実なことや仮定を表すために「たぶん」「きっと」などを使うが、その後は断片的な発話が続く。

レベル 4

1 の例

・丁寧に許可を求めたり、自分のやらなければならないことを説明する力がある。

許可を求める例：「トイレに行ってもいいですか」

義務の説明の例：「明日テストだから、勉強しなければいけない」

2 の例

・学習場面で、よく知っている話題について意見を言ったり、自分の知っていることを表現したりできる。

例：教師：どんな「環境問題」を知っていますか？

生徒：空気。テレビで見ました。車とか工場とか、汚いガスを出して、空気がとても悪くなります。

・教科によっては、その教科特有の語彙を仲間や教師との会話で使うことができる。

例：数学の授業で図形について話す。

教師：この図形の名前、知ってる？
生徒：二等辺三角形。

レベル５

１の例

・毎日の決まったやりとりの範囲であれば、参加していくことができる。

例：在籍クラスの朝の会で司会進行をする。

生徒：これから朝の会を始めます。おはようございます。
クラスメイト：おはようございます。
生徒：係から連絡はありますか？
クラスメイト：特にないです。
生徒：はい、わかりました。

・在籍クラスで修学旅行の班行動で行く場所について意見を言う。

クラスメイトＡ：どこにする？
クラスメイトＢ：□□寺はどう？
生徒：■■ミュージアムがいい。
クラスメイトＡ：じゃあ、□□寺と■■ミュージアムにしよう。

５の例

・「学習場面」とは、学習内容についてクラスメイトや教師に話しかけたり、数学の問題を一緒に解いたり、図書館で資料を探して討論したり、家庭科でクラスメイトと一緒に料理を作ったりする場面をいう。これらの場面でも、「深み」のある発話ができないことがある。

・クラスで新聞を作る活動をしている。

生徒：ここの字はもっと大きくした方がよくない？　字が見にくいと思う。
クラスメイトＣ：そうだね。

７の例

・このレベルの生徒はクラスメイトや部活の仲間など仲の良い相手とは自由にやりとりができているが、自分の能力の範囲内で日常的なやりとりをこなしていて、複雑なやりとりを避けている場合がある。そのため、ふだんあまり話をしない大人とは、十分に話ができなかったり、適切な表現（敬語など）を使えなかったりする。

中学・高校　聞く
中学・高校　話す
中学・高校　読む
中学・高校　書く

レベル6

1の例

・口語的表現も十分にできる。

教師：もうすぐ試験だね。
生徒：うん。やばい、勉強しなくちゃ。

3の例

・よく知っている状況では、その状況に応じて、ことばを修正できる。

例：「1日前に」と言って、「前日」と言い直す。

5の例

・話題が変化したり詳細な説明が必要なクラス内の議論で、すばやいやりとりにはまだ問題がある。

例：部活顧問の先生と部員と一緒に話し合いをしている場面

教師：来月の部活の予定を決めたいと思います。
部員A：来月は試合があるから、練習の時間を増やした方がいいと思います。
教師：○○さんは、どう思う？
生徒：いいと思います。
教師：じゃあ、どんな練習がいいと思う？
生徒：えっと……。（ここで止まってしまう）

・学年に相応する範囲で、口頭表現の正確な使い分けや微妙なニュアンスを踏まえつつすばやく答えたり、議論の進み方や詳細を十分に理解しながら適切かつ相応の返答をすることは、まだ難しい。

・口語表現を直接引用し、話し言葉と丁寧な表現が混在する。

「え、なんて読むんだろう？ってありますね」

「親が読んでいるものとかを、小さい頃は、こう読むんだよーとか、そうやってもらって、そうなんだって」

・日本語母語話者とのやりとりに参加する力はついてきているが、教科内容に関する議論で論拠や視点を具体的に説明するには、まだ支援が必要となる。

例：「あなたの意見はわかるが、私は反対です。というのは…」の発言の途中で止まってしまうなど一連の流れを構成できず、話をうまく展開することが難しい。

レベル7

1の例

・事前の準備に十分時間をかけ、下書きをしたり、発音やイントネーションを確認したり、適切な言い回しを考えたりできれば、発音やイントネーション、間の取り方などを、場面に応じて使いながら、話を長くしたり、広げたりすることができる。

2の例

・クラスメイトと意見を言い合うことができる場合がある。

例：学園祭のクラスの出し物について話し合う。

日本語母語話者の生徒A：今年はどんな出し物にするか決めたいと思います。
日本語母語話者の生徒B：クラスで模擬店をするのはどう？　たこ焼きとかは？
生徒：模擬店いいね。でも、たこ焼きは作るのが難しくない？　喫茶店はどう？
日本語母語話者の生徒A：喫茶店は簡単？
生徒：ジュースとかお茶とかお菓子を買ってきて、売ればいいと思うよ。

・クラス討論で、すぐに反論できる。

生徒：自分の個性を出したくても出せないのはしょうがないし、出せる人は出せるし、出せない人は出せないから、人それぞれだと思います。

❸

JSLバンドスケール　中学・高校

【読む】

中学・高校　読む　レベル１	
このレベルの主な特徴	初めて日本語を読むレベル
子どもの様子・ことばのやりとり	1. 自分に関係する身近な文字は認識できる。 2. 第一言語による読む経験や「読む」力が発達している場合、日本語を読む姿勢を見せる。 3. しかし、日本語を理解していないため、日本語で書かれたテクストから意味を取ることは限られる。 4. ひらがなやカタカナに慣れるまでは、「読む」力は限定的なものに留まる。 5. 第一言語で経験したことをもとに、日本語の文字や記号文化を理解しようとする。 例：漢字圏出身の生徒は、漢字から意味を類推する。 6. 日本語を「読む」力はなくても、第一言語による「読む」力がある場合がある。第一言語を使う家庭・地域社会などでは、生徒の年齢に応じた範囲で、第一言語を読んで理解することができる。

解説①　生徒の成育過程と生活を知ること

このレベルの生徒は、まだ日本語は読めませんが、生徒の第一言語なら、読める場合がほとんどです。それは、同じ年齢の日本人の生徒と同じように、認知的には順調に成長している場合がほとんどだからです。一方、長い間、親から離れ、貧弱な教育環境で成育した生徒や、紛争などにより避難施設を転々とし、公教育を継続的に受けられなかった生徒の場合、第一言語による読み書き能力が弱い場合もあります。いずれも、集中的な日本語指導が必要な生徒ですが、個性をよく見極めることが必要です。そのためには、生徒の成育過程と生活に関する情報を知ることが不可欠です。

1 の例

・自分の名前、学校の名前、教室の表札、学校の掲示板、横断歩道、トイレなどの標識。

3、4

ひらがななどの文字がある程度読める場合でも、一つひとつの文字を認識し、文字のかたまり（単語、文など）を理解し、そこから意味を見いだすことに慣れるまで時間がかかる場合がある。そのため、分かち書きや挿絵、図、写真などを多用し、理解を助けることで、日本語を読むことの負担を減らし、読むことに慣れるよう工夫が必要である。

テクスト→キーワード解説「テクスト」(p.124)

5 の例

・数学で、学習経験があれば、質問文が読めなくても、グラフや図形、数学記号、単位などから推測して解ける場合がある。

・英語の授業で、知っている英単語を日本語に訳すことはできなくても、その単語を表す絵と結びつけることはできる。同じ意味を表す英単語や英文を見つけることができる。

→「さらなるサンプル」(p.84)

指導上のポイント

第一言語による「読む」力がある場合は、どのレベルでも、第一言語による補助は有効に働きます。日本語指導の中で、生徒が第一言語を使用することを「禁止」する必要はありません。ただ、日本語の文に第一言語の訳を並置して読ませるだけでは、日本語の「読む」力はつきません。日本語の文に、第一言語で知っている単語を付け加えるなどし、日本語の読みの理解を助ける工夫が必要です。ただし、第一言語による基礎的な読み書き能力が弱い生徒の場合、生徒の年齢や経験、個性を十分に考慮した指導が必要です。

中学・高校　読む　レベル２	
このレベルの主な特徴	日本語に慣れ始め、日本語を読もうとするレベル
子どもの様子・ことばのやりとり	1. 日常生活でよく目にする、頻度の高い文字での指示や表示を理解できる。 2. ひらがなやカタカナはほぼ読むことができる。ただし、形や音の似ているものを混同することがある。 3. 絵や写真などの視覚的補助があれば、身近な話題に関する簡単な表現や、短い文を読むことができる。 4. 第一言語で培った読解スキルや読解経験を利用したりする。 5. テクストから、名詞や動詞の意味を部分的につかむこともあるが、助詞、接続表現、時制などを理解することは難しい。 6. 第一言語で経験したことをもとに、日本語の文字や記号文化を理解しようとする。

解説②　多様な力を持つ生徒たち

このレベルの生徒は、在籍クラスで行われる国語や社会などの教科活動に、何も補助のないまま参加しても他のクラスメイトと同じように理解することはまず不可能です。生徒の中には、来日前の教育で、特定の教科（たとえば、数学）を得意としていた生徒もいます。そのような生徒は、教科の既習知識で、在籍クラスのクラスメイトと数学の記号や数式を使ったやりとりなどができる場合があるかもしれません。また、「第一言語で培った読解スキルや読解経験」により、日本語の文の種類を類推することもあります。これらの力も、「ことばの力」を形成します。引き続き、個別的で、集中的な日本語指導が必要です。

1 の例

「ここに本をもどしてください」「出口」「職員室」「図書館」「事務室」など、学校で使用する文字での指示や表示。

3 の例

・手を洗う絵やうがいをするイラストとともに「手を洗おう」「うがいをしよう」と書かれたポスター。
・教室掲示類の中のから、必要な情報（場所や日時など）の一部を取り出すことができる。

4 の例

「お知らせプリント」の日本語の文脈やテクストの種類から類推して、学校行事の場所や日時などを、読み取る。しかし、詳細については理解できない部分も多い。

5

簡単な指示なら、適切に対応できる。
例：「合うものはどれか、正しいものに○、間違っているものに×をつけなさい」

→「さらなるサンプル」（p.84）

指導上のポイント

日本語には縦書きと横書きがあります。また、上から下へ、あるいは左から右へ読みます。しかし、生徒の第一言語によっては、右から左へ書いたり読んだりする場合があります。分かち書きの文で、日本語の基本的なルールに慣れることがまず大切です。

分かち書きの例：ぼうずが　びょうぶに　じょうずに　えを　かいた（文節）／ぼうず　が　びょうぶ　に　じょうずに　え　を　かいた（単語）

中学・高校　読む　レベル３	
このレベルの主な特徴	日本語で学習する段階へ移行しつつあるレベル
子どもの様子・ことばのやりとり	1. 日常生活でよく目にする短いテクストを、視覚的な助けや場面から推測しながら読むことができる。 2. 手順について簡単に書かれたものや、絵や記号で説明されたものを理解できる。 3. 補助があれば、短いテクストやリライト教材を読むことができる。 4. 基礎的な接続詞（「しかし」「そして」「また」「それから」など）を用いた文のつながりは理解できる。 5. 第一言語で経験したことをもとに、日本語の語彙や表現を理解しようとする。 6. 第一言語を話す友人に問いかけたり、第一言語と日本語の二言語辞書を使ったりするなど、二言語を使った補助に強く依存することもある。

解説③　「読むこと」は考えること

このレベルの生徒は、「日本語で学習する段階へ移行しつつあるレベル」です。日本語の文字や文に慣れ始め、短い文を読めるようになります。ただ、生徒が読める範囲はまだ狭いため、教師には生徒が小学生と同じように見るかもしれません。しかし、それは誤りです。生徒はその年齢の子どもとして成長しているので、第一言語であれば、日本語よりも読める力があるでしょう。つまり、日本語であれ、第一言語であれ、読んで考える力があるということです。したがって、読む活動を通じて考えたことを交流する実践が中学生・高校生には必要になるのです。

1

ワークブックなどで繰り返し目にする練習問題の形式ならば、質問内容を理解し、問題に取り組むことができる。

例（英語）:「疑問文に書き換えなさい」「過去形に書き換えなさい」

例（数学）:「計算しなさい」「次の方程式を解きなさい」

ただし、「疑問文」「過去形」「方程式」などの用語に慣れていない場合は、これらの用語を事前に示し、やり方の例を一つあげると、理解しやすくなる。

2 の例

・料理のレシピ、電車やバスの行き先表示など。

・教室内の「掃除当番」と「掃除する場所」を説明する掲示物など。

3 の例

・短い物語。題材が具体的でわかりやすければ論旨を把握できる。

リライト教材→キーワード解説「リライト教材」(p.125)

4 の例

・事実を述べたテクスト、手順を説明したテクストなどの要点をつかむことができる。

5 の例：第一言語で学んだことが障害になる

・英語の文章では結論が冒頭に書かれることが多いが、日本語では結論は最後にくることが多いため、結論部分を探すことができない。

→「さらなるサンプル」(p.85)

指導上のポイント

このレベルの「読む」活動には、細かい足場かけが必要です。簡単な文で書き換える、分かち書きをする、ルビをつけるなども、その例です。たとえば、保護者への手紙で、「保護者が記入して、提出してください」のような複数の指示が含まれている文はわかりにくいので、「①保護者に渡してください。②保護者が書いてください。③○日までに、先生に提出してください」と短い文で手順を示したり、さらに、イラストを添えたりすると、生徒の理解が進みます。

中学・高校　読む　レベル 4	
このレベルの主な特徴	日本語による「読み」の範囲が拡大していくレベル
子どもの様子・ことばのやりとり	1. 単純な構成のテクストや物語を楽しみながら読むことができる。 2. 教師の支援や視覚的な補助があれば、身近な話題で、事実に基づくわかりやすいテクストから、主要な情報を得たり、それを十分に理解したりすることができる。 3. ただし、特別な社会文化的内容を含む場合、複雑な文章で展開していく場合、また熟語や難しい語彙が含まれている場合は、困難を感じる。 4. 在籍クラスで扱われる教科書などを独力で読むことは難しい。 5. 読解能力は、これまでの口頭でのやりとりや読みの中で出会った日本語表現や語彙の量に制限される。 6. 第一言語で経験したことをもとに、日本語の語彙や表現を理解しようとする。 7. 二言語辞書を利用することがある。（レベル 8 まで、続く）

解説④　二言語辞書を使う

中学生・高校生の中には、第一言語の辞書や第一言語と外国語の二言語辞書を使用した経験がある生徒がいます。あるいは、携帯電話やインターネット内の辞書機能を利用する場合もあるでしょう。ただし、第一言語を読めても、それに対応する日本語が読めない場合、意味や使い方を理解することには依然困難がともないます。「母語教育」を重視し、母語訳のある教材を生徒に与えるだけでは、「読む」力は育成されません。生徒がどのように「読む」行為を考え、実践しているかを見極めることも、大切な視点です。

2 の例

簡単で明確な内容であまり社会文化的な内容を含んでいない、環境問題やゴミ問題などのテクストなら、その概要を理解できる。語彙的知識を使うというよりも、文脈的手がかりや日常生活から得られる情報（経験や知識）を使う。したがって、文章理解に時間がかかる場合もある。

3 の例

「川」はわかるが「河川」はわからない、「甘い顔をする」の「甘い」がわからない、など。

4

・在籍クラスの教科書は、途中で理解できなくなったり、断片的な理解に留まったりする。
・文章の構成から予測して先を読む。
　例：わかりやすい文章には情報に順序性があると予測する。
　　　出来事や行動が時間の経過にそって述べられる、など。
・よく使われる単純な文型、機能が明らかな接続詞などに頼ったりする。
　例：「そして」「しかし」「たとえば」など。

→「さらなるサンプル」（p.87）

指導上のポイント

　このレベルの生徒には、個別的な足場かけと、丁寧な指導が必要です。たとえば、「読みを促す教師からのヒント」「文章構造の説明」「内容と背景の解説」「漢字の読み方」「語彙の説明」「関連事項の図解」「第一言語と日本語の両方、あるいは片方の知識や概念を使った解説」「リライト教材にルビをつける」などがありますが、それらを教師から生徒へ一方的に与えるのでなく、生徒と一緒に考える指導の工夫が必要です。指導の方向性は、生徒が一人で読めるようになる支援です。

中学・高校　読む　レベル５	
このレベルの主な特徴	さまざまな生活場面の日本語を読めるようになるが、学習場面で読む力は限られているレベル
子どもの様子・ことばのやりとり	1. 社会文化的な内容や専門的な内容がない、事実について書かれた日本語母語話者向けのテクストを読んで理解することができる（例：学級通信、文集など）。 2. 年齢と学年に応じた範囲内で、あまり知らない話題の解説文や専門的文章など、より複雑で抽象的なテクストについて、その概要を把握することができるが、その理解の「深さ」は、総合的な日本語力に制限される（例：雑誌や新聞の記事など）。 3. 長い文章を理解するのは困難なため、そうしたものを避ける傾向がある（例：長編小説、雑誌の長い特集記事など）。 4. 教科学習に関するテクストを読む場合、語彙の説明、文脈的情報、概念の説明など、教師の補助が必要である。 5. 自分のペースで読んだり、読み返しのための時間が必要なこともある。 6. 二言語辞書や国語辞書を幅広く使用する。

解説⑤　レベル５は長い坂

このレベルの生徒は日常会話ができるため、一見すると問題がないように見えますが、補助があっても、中学・高校の学習内容を読んで理解していくことは難しい段階です。このレベルの生徒の能力は、広く浅く発達する傾向があります。つまり、いろいろな場面で日本語を使用していますが、それは深く理解したり高度な日本語を学んだりすることには必ずしもつながりません。したがって、このレベルに長く留まる場合もあります。

中には後戻りするように見える場合もあります。その原因としては、「さまざまな教科内容を学習していくとき、学習内容が複雑になり、その結果、文章が長くなること」「そのような文章を読んで理解するには時間が足りないこと」「新しい語彙の理解が定着しないうちに学習内容が先に進んでいくこと」などがあります。つまり、読むための補助がまだ必要であるということです。

1

「読み」に必要な、一般的で広い範囲の語彙を習得し始めている。これは、日本語母語話者向けの一般的なテクストを読む基礎となる。

2

教科特有の語彙はまだ十分に定着していないため、他の教科に関することに話題が移ると内容が十分に理解できないことがある（例：環境問題に関する説明文の中に、二酸化炭素についての科学的説明が出てきた場合など)。

4. 教師の補助

・学習の補助

「写真や図解が示される」「二言語辞書の使用が許される」「時間が与えられる」など。

・読みの補助

「意見文、感想文などの文章の型を説明する」「文中に明示されていない著者の主張や立場を推論する」「文章中の論理的なつながりを追う」「論や論拠が正しいかどうかを細かい点に注意しながら読み取る」など。

→「さらなるサンプル」(p.89)

指導上のポイント

レベル5の生徒への「補助」の内容はますます多岐にわたります。それは支援の方向が教科志向型に移行していくからです。その結果、日本語学習には複雑な課題が必然的に増えていきます。しかし複雑な課題のある学習環境に身を置くことによって、一人で学習しているときには読まない難しい文章を読むことを試みるようになるので、力がついていくようになります。生徒が一人で、教科書のテクストの著者の見方や意図を推測することが難しいときは、クラスメイトとの小グループで議論する活動など、他者と考える活動を通して学ぶことも必要です。あわせて、語彙リストを作って新しい語彙を増やすような「学び方を学ぶ」時間も与えたいものです。

中学・高校　読む　レベル6	
このレベルの主な特徴	日本語を理解し、学習が進むレベル
子どもの様子・ことばのやりとり	1. 年齢と学年に応じた範囲内で、社会文化的な内容が多くない、さまざまな分野のテクストを理解できる（例：中高生向きの小説）。 2. わかりやすい文で説明される課題には一人で対応できる。 3. ただし、複雑な複文が多く、文脈が取りにくい論説文などを読んで、その詳細を理解することは難しい場合がある。 4. 学習場面で使用されるテクストを批判的に読んだり、解釈したりすることは困難な場合がある。 5. テクストの著者の主張や意図を、テクストに見られる言語的な特徴から推論するにはまだ困難がある（例：二重否定や反語表現など）。 6. 長い文章を読むのに時間がかかる。

解説⑥　「年齢と学年に応じた範囲内で」

中学生と高校生は、それぞれの成長過程で期待される能力が異なります。中学1年生と高校3年生に同じテクストをどれくらい読めるかと試すことは、あまり意味がありません。「年齢と学年に応じた範囲」の目安は、「学習指導要領」がヒントになるかもしれませんが、日本語母語話者の生徒の成長を基準にして考える必要はありません。大切なのは、その年齢と学年で遭遇する日本語のテクストを生徒がどのように読んで、どのように考えるかに焦点を置き指導をすることです。

1 の例

古典など文化特有の文章を読むことはまだ難しい。

3 の例：新聞の社説など

著者の主張の正しさ、妥当性、情報の的確性、論点、暗示などを理解することは、難しい。

4 の例

著者の主張や意図、またテクストのイデオロギー性、文字通りの意味と隠喩の違い、（その社会で長く生活しないとわからないような）微妙な意味や暗示などを理解することが難しい。

→「さらなるサンプル」(p.90)

指導上のポイント

生徒が一人で内容把握や大意取りができても、それだけが「読む」ことではありません。そこからテクストの著者の考えを理解したり、自分の考えを述べたりすることは一人ではまだ難しい場合があります。このレベルの生徒に、自力で勉強しなさいというだけでは十分といえません。まとまった文章を読みながら、対話を通じて、丁寧に内容理解を深めていく実践が不可欠です。

中学・高校　読む　レベル7	
このレベルの主な特徴	ほとんどの場面で、日本語を読んで理解できるようになってくるレベル
子どもの様子・ ことばのやりとり	1. 年齢と学年に応じた範囲内で、ほとんどの生活場面、学習場面で、テクストを読み、理解できる。 2. 辞書などを使って時間をかけて読めば、身近なテーマではない複雑で長い文章でも独力で読むことができる。 3. 複文などの文構造、さまざまな種類の文や、呼応の副詞（例：「必ずしも〜ない」など)、語彙の使用範囲もわかるようになり、テクストの中で推論する力もついてくる。 4. ただし、接続詞などで明示されていない段落の構造や、段落間の関係を読み取ることが難しい場合もある。また、読解スキルがまだ十分ではないため、スムーズに速読することはできない。
	5. 微妙な言い回しを理解するにはまだ問題が残る。社会文化的知識が必要な内容のテクストは理解が難しいこともある。

解説⑦　レベル7の生徒の「読む」力

このレベルの生徒は、多様な日本語のテクストを読める力があります。読むことから、多様な情報を得て、深く考えることができる力があります。一方、社会科や国語科の試験などで、社会文化的な事項が多い複雑な文章で綴られた問題には、十分に力を発揮できないこともあります。高度な日本語を読み取る力は、内容に関する社会文化的知識と使用される語句や表現に対する知識、さらに、見慣れない試験の指示や問題文をすばやく理解することも同時に求められる総合的な力です。そのような総合的な力を育成していく観点が必要となります。

2
関心のある分野や本人が選んだ専門分野（例：アニメ、音楽やスポーツなど）のテクストであれば、辞書などを使わなくても容易に読むことができる。ただし、あまり社会文化的な内容が含まれていないもの。

4
レベル６で示された、社会に長く関わらないとわからないような微妙な言い回しや風刺の微妙な表現や隠喩、ユーモア、社会文化的事項を解釈することは依然難しい。また、論説文の詳細（例：論拠の妥当性、情報の省略や関連性の欠如、主張の巧妙さ、など）を読み取ることも依然として難しい。
文化的内容を含んだ文章、たとえば古典や戯曲、小説、詩、歴史などに関する読解は、依然補助が必要である。

→「さらなるサンプル」（p.90）

指導上のポイント

このレベル７の生徒は、在籍クラスで学ぶことができる生徒です。したがって、在籍クラスで多様な力がつくような授業をすることが大切です。そのためには、教師が一方的に話し、生徒が黙って聞くだけの授業スタイルではなく、生徒同士が主体的に課題を設定し、クラスメイトと対話をしながら、深く考えるアクティブ・ラーニングの授業スタイルに変化することが大切です。その中で、古典から論説文、小説など多様な素材を学ぶ実践、メディアや映像、SNSの情報を批判的に捉え、真実を見抜く力を育成する実践（メディア・リテラシーやクリティカル・シンキング）などを通じて、多様な読む力・視る力（Viewing）を育成することが、これからのすべての生徒に必要になるでしょう。

中学・高校　　読む　　レベル8	
このレベルの主な特徴	日本語を十分に読んで理解できるレベル
子どもの様子・ ことばのやりとり	1. 年齢と学年に応じた範囲内で、生活場面、学校場面で目にするほとんどのテクストを独力で容易に理解することができる。 2. 学校の教科書や論説文などを読み、テクストの著者の主張や意図を推測することができる。 3. 年齢と学年に応じたスピードで読むことができる。 4. 社会文化的内容が多いテクストを読むのは、困難な場合がある。

解説⑧ 「読むこと」と生きること

「読むこと」は、テクストの意味を読み取ることだけではありません。そのテクストの内容を多角的に捉え、自分で解釈し、かつ、テクストの著者との対話を通じて、自分の考えを深めていく作業を意味します。そのとき、わかりにくい語句や社会文化的事項があれば、自分で探索していく力も、「読む」力に含まれるでしょう。つまり、これらの生徒にとっては、「日本語を読むこと」は、他者と対話するだけではなく、日本語を学ぶ自分と対話することを意味し、結局、自分が日本語をどう読み、日本語を使って、どう生きるかを探究することなのです。

1 の例

学校の課題文や試験問題文は問題なく理解できる。

4 の例

あまり目にしない慣用的表現（四字熟語やことわざ、など）や社会文化的内容、また文化的理解が必要なユーモアなどは、依然理解が難しい。

→「さらなるサンプル」（p.91）

指導上のポイント

日本語を学ぶ生徒の中には、第一言語の知識や体験があり第一言語を読める生徒も、逆に、日本で日本語だけで教育を受け第一言語で読める力が育っていない生徒もいるかもしれません。しかし、どちらの生徒にとっても、第一言語を含めた複言語・複文化能力と向き合い、どのように生きていくかという課題に取り組むことこそが、生徒のこれからの人生で最も重要なテーマであり、大切な実践といえるでしょう。

さらなるサンプル&情報　「読む」

レベル1

1の例

・自分の名前を正確に読めなくても自分のロッカーや靴箱の場所がわかる。「男子トイレ」「音楽室」などの表示の意味を、そこにあるもの（トイレ、ピアノなど）の理解とともに理解する。

2の例

・文章中の挿絵や写真、表、グラフ、英語などの日本語の文字以外の情報から内容を推測しようとする。そのため、指導においても、このような情報は有効である。反対に、文章とあまり関連性のない写真、挿絵などがあると、かえって理解の妨げになっている場合もある。

4の例

・「ひらがな五十音表」を覚えると、わからない文字を五十音表から探し出して読むことができる。

・時間割表の教科名に母語訳をつけ、具体物を使って持ち物を説明すれば、時間割表を見て授業の準備ができる。

5の例

・読み方はわからなくても、知っている漢字の意味から推測して文章の内容をおおまかに理解できる場合がある。ただし、まだ理解できたことを伝える力が十分にない場合には、相手にはわかっていることが気づかれないこともある。

・数学や理科の特有の用語を第一言語で理解している場合、第一言語の用語名がわかれば、すぐに理解できる場合がある。特に漢字圏出身者の場合、同じ漢字が使用されていれば日本語でも漢字から理解できることがある（数学：絶対値、反比例、二次方程式など、理科：反射、重力、分解など）。ただし、その場合にも日本語の読み方はわからないので、読み方を確認することが必要である。

レベル2

1の例

・黒板に書かれたお知らせ（時間割変更、授業に必要な持ち物のリスト）を読んで理解でき、行動できる。ただし、生徒が知らない名前や読めない漢字がある場合、理解できない可能性がある。このレベルでは、自分から質問することが難しく、その場合は生徒が重要な情報を理解できたか個別に確認するよう配慮が必要である。

3の例

・遠足や運動会など学校行事に関する簡単なお知らせ（重要な情報を見つけやすいように工夫されたり、漢字にルビが振られたもの）の中から、場所や日時などの情報を取り出すことができる。内容を細かく理解できるわけではないので、日時や場所が複数書いてある場合などでは、間違えてしまう可能性もある。

・友だちがこのレベルの生徒に宛てて書いた短い手紙や、その生徒にもわかるように配慮して黒板に大きく書いた短い文章を理解できる。このレベルの生徒の指導では、教師の配慮によって読む活動に参加できることも多い。

4 の例

・短い文章を読んで質問に答える場合、質問の中にある単語が使われている文を該当文章から探して指差し、「これ？」と聞く。または、その文をそのまま読むことで答える。
（質問「Aさんは、誰と会いましたか」答え「AさんとBさんは、きのう会いました」）

・文章中から、主な登場人物の名前をあげることができる。ただし、名前だと認識できない場合には見つけることができない。

・辞書を使って調べようとするが、複数の同音異義語（例：合う、会う、逢う）から選べなかったり、動詞の辞書形（辞書に載っている形：「行って」⇒「行く」）がわからないために、調べられないことがある。生徒が辞書で調べようとしているときには、必要に応じて、該当する漢字や動詞の形を見つける手伝いをし、辞書の使い方に慣れるように配慮することが必要である。

5 の例

・ある程度日常会話に慣れてきた段階であれば、話したり聞いたりする活動をした後で、教師が短くまとめた文章を理解できることもあるが、書かれた文章の漢字の読みや理解するために重要な語句の説明が必要な場合がある。

6 の例

・第一言語で読む力を十分持っている生徒にとって、説明文や物語文などで構造が理解しやすい文章ならば、日本語の文章の第一言語訳を読むことで内容が理解でき、日本語の文章を読む際に助けになる場合もある。ただし、第一言語訳を読ませればいつでも理解できるわけではないので、注意が必要である。

・英語：学習した内容であれば「(　　) に適切な言葉を入れなさい」という指示を理解し、英語の文中の (　　) に適切な英語を入れることができる。これは、指示文の構造や単語の意味を十分理解しているというより、問題文の例文の形（例：「I (　　) sick yesterday.」）とも合わせて理解している場合が多い。

レベル 3

1 の例

・運動会のプログラムにある競技名はわからなくても、その横に書かれた学年（例：1 年、2 年）を見て、自分が出場する競技を認識できる。競技の名前の読み方がわかれば、自身が体育などで練習している競技と結びつけて理解できる。

2 の例

・簡単な料理レシピでも、料理自体に興味がなかったり、材料に馴染みがないとイメージがわかずに理解しにくいことがある。食べたことのある料理や好きな料理など、興味や関心にそったレシピを用意すると積極的に知りたいと思い、取り組める。また、材料や道具の絵や写真があれば、理解しやすい。

・文の位置や順序によって話の展開を推測したり、語彙的な部分をてがかりに時間を理解しようとすることがある（例：「〜する前に」「〜した後で」）。しかし、こうしたことが原因でテクストを誤って理解している場合がある。
例：「3時」と「3時間」、「5番」と「5番目」などの差異がわからないため、内容を誤って類推することがある。

・テクストの内容に関連する図表やグラフを解釈することができる。この能力は、「新しい学力」として重要な部分である。

3の例

・補助があれば、テクストに関連する簡単な質問に答えることができる（例：「……を表す部分を書き出しなさい」や、「はい／いいえ」で答える質問など）。しかし、論述する必要があるような問題を解くことは難しい。

・数学の文章問題を読んで、問われている内容を独力で理解することは困難だが、簡単なことばで言い換えれば理解できることもある（例（数学）：「ABの長さを求めなさい」→「ABは何㎝ですか？」ならできる）。

・黒板などに急いで書かれたために文字の形が崩れたり、文字と文字がつながったりすると読むことが難しい。また字の大きさや改行の位置も理解に影響を与える。

・友だちが書く癖のある文字も読みにくい場合があるが、仲間内で使われていると、それらを正しいと思い込み覚えてしまう場合もある。また、仲間内で使う表現や文体が手紙やメールの文などに使われていると、自分で話していても結びつかず、理解できないことがある（例：「わからない」と「わかんねえ」、「こわい」と「こえー」など）。

・手書きでなく、印刷物であっても、書体によってわかりにくい場合がある（例：明朝体の「さ」を「ち」と間違えやすい）。生徒の理解を深めるために、ICT教育で使用されるUDデジタル教科書体を使用することも一案である。

・理科の実験の手順が書かれたテクストは、理科特有の用語の意味理解や、実験道具の名前と絵や実物との一致などの補助が必要となる。ただし、第一言語で既習の場合は、少ない補助でも理解できる場合もある。

・社会：農産物の生産量を表すグラフなどは、生産物の名前など、必要な語彙の意味の説明などの補助があれば、グラフから生産量の多い年や場所などの情報を読み取ることができる。ただし、特に非漢字圏出身者にとっては、図表やグラフの中の文字に未習の漢字が多かったり、見知らぬ漢字の地名が多く出てくると、理解が難しかったり、混乱することもある（例：関東、東北などの地方名、知らない県名など）。

・簡単な質問であっても、口頭で聞き慣れない表現は説明が必要な場合もある（例：「文中から同じことばを書き出しなさい」と「文中と同じ意味のことばを書きなさい」との違い）。

5の例

・自信がないときには、生徒の第一言語の英語がわかる支援者がいれば、「しかし」を「but?」、「そして」を「and?」など、英語を使って意味を確認しながら理解する場合もある。

・「おねえさんにおかあさんがプレゼントを渡した」という文を「主語⇒目的語」の語順で「おねえさんがおかあさんに」と反対の意味に理解してしまうことがある。語順が決まっている言語（英語、中国語など）の習得者では特に混乱しやすい。

・漢字圏出身者は、第一言語、日本語で学習した知識に加え、漢字から意味を推測することによって、かなり文章の内容を把握できる場合がある。ただし、漢字の読み方がわからないため、音読できず、話されることばと書かれたことばが結びつかない可能性もある。また、第一言語と意味が違う場合には、理解がずれることもある。

・簡単な指示に従って記入するテクストにおいても、理解したことが正しいかを確認したり、より深く知ろうとしたり、それについての疑問を解決しようとする、などの理由により第一言語を使うことを求めることがあり、日本語の力が伸びてきても、第一言語は思考のために重要な役割を果たしている。これは、高度な思考を要する場合に、まだ日本語でそれを行うには時間がかかり、負担も大きいためである。

・わかりやすい文章であっても、時制を読み取れないこともある。第一言語が述語部分で過去を表さない言語の場合（中国語、タイ語など)、「行きました」と過去形で書いてあっても、「昨日」など時を表す表現がなければ、過去の行動だと気づかない場合もある。また、主語が省略された文では、主語を推測することが難しい場合もある。

・結論を最初に書く文章に慣れている場合（たとえば英語など)、最初に結論がないと見つけられず、さらにパラグラフと段落の違いがわからないために、段落内の内容の要約ができない場合もある。

・国語などの授業で扱った文章をよく理解しているように見えても、読んで理解したのではなく、授業で教師が話したことを聞いて理解した内容を語っている場合もある。その場合は、生徒が語った内容が文章中のどこにあるかを探したり、語らなかった内容を文章中から読み取る活動を行う、など、理解した内容と文章をつなげる支援が必要である。

・読めない漢字熟語を聞いてわかる言葉として誤って読んでしまうことにより、理解がずれてしまう場合もある（例：読みを間違う：「多い」⇒「おおきい」、知っている言葉と勘違いする：「運動が好きだ⇒動物が好きだ」「場合がある⇒場所がある」など)。

レベル4

1の例

・新聞のスポーツ欄の写真付の記事で、クラスで話題になっていたり、本人が興味のある内容であれば、優勝チームや点数などの主な情報を読み取ったり、内容をよく理解できたりする。

2の例

・母国や得意分野（スポーツ、趣味など）のよく知っている内容についての記事であれば、わからない日本語もある程度推測しながら理解ができる。ただし、キーワードとなる日本語と第一言語で理解している言葉を結びつけないと理解できない場合もある。

3の例

・日本特有のことわざや比喩なども内容理解を困難にする場合がある。

・日本の歴史や四季に関する内容が文学作品を理解するために重要なポイントになっている場合には、やさしい文章であっても理解が難しい。

・まだ語彙的知識の少ないこのレベルでは、文脈的手がかりや現実社会から得られるヒントが多く使われている文章は、多少時間がかかっても短い文章ならば読みやすく、読むことを楽しめる可能性も高い（例：興味のある動植物や現象に関する短い科学的な説明文、ストーリーの展開を想像しやすい冒険小説、生徒が興味を持てる内容のエッセイなど）。

・読む体験を増やすことによって、語彙的な知識も増えるだろう。逆に、このような手がかりやヒントが少なく、語彙的知識が多く必要な場合には、文章理解にさらに時間がかかり、一人で読むことは困難である。

・現在と過去を行き来するような物語では、出来事の起こった順序がわからなくなってしまうため、内容理解が難しい場合がある。

4の例

・生徒が得意な教科や、第一言語で既習もしくは理解可能な項目に関連した内容であれば、日本語でもわかりやすく短いものなら、その概要を理解できる。
例：数学が得意な生徒であれば、教科書にある説明文や定義（例：正の数は０より大きく、負の数は０より小さい、など）を理解できる。ただし、その教科特有の表現や語彙の理解が必要なことも多く、一人ですべて読むことは負担が大きい。また、その教科に必要な知識が十分でない生徒の場合は、より多くの補助が必要となる。

5の例

・「空欄に書きなさい」ならばわかるが、「空欄をうめなさい」は何を要求されているかわからない。

・「具体的な例をあげよ」という問いの「具体的」の意味が理解できれば回答できる。

6の例

・第一言語と日本語の両方の書き方を比較したり意識したりすることから、第一言語の理解力や技能、方略（ストラテジー）を日本語習得に使うようになる。しかし、その応用は、日本語を使う力が未熟なため、自動的に起こるほどではない。

・漢字圏出身者の場合、同じ漢字を使った表現は理解しやすい。しかし、日本語の読み方がわからないため、授業での活動と結びつかない可能性が依然としてある。特にあまり話さない生徒の場合、時には声に出して音読することで文字と音を結びつけ、理解を進めることに役立つ場合がある。

7の例

・文章の中の重要だと思われる部分に線をひく、その部分をノートに書き出す、結論部分を探すなど。ただし、二言語辞書で意味を確認するなど、理解するためには時間がかかる。

・実際の生活の中でよく知っている内容に関する文章であれば、誰かに説明を求めなくても、二言語辞書を多用することで一人でもおおまかな内容が理解できるようになる。語彙や背景知識の説明があれば、より理解できる。ただし、まだあまり長い文章は読めない。

レベル 5

1 の例

・学級通信には、共通する体験やよく知っている話題（例：学校行事、受験情報など）もあり、読みたいという意欲を持つことも多い。しかし、学校文書は漢字熟語を含む硬い文章が多いため、内容がよく理解できない場合もある（例：「学校に来る日」⇒「登校日」、「体に気をつける」⇒「体調管理に気を配る」）。

・このレベルの生徒は、もし補助があれば、あまり社会文化的内容を含まない短い話や説明文など、教科書のさまざまな文章の概要を理解したり、必要な情報を取り出したり、おおまかな内容を再話することができる。ただし、細かい応答を求める重要な語句を理解するには補助が必要である。
例：「比較せよ」と「対比せよ」の違いや「観察したことと文章から読み取ったことから」という指示文の場合、二つのことに対応しなければならないことを理解させる、など。

2 の例

・生徒の興味に応じて、さまざまな種類の文章を読み、読む経験を豊かにすることが語彙の習得にもつながる（例：詩、昔話、科学的な説明文、文学作品、写真集の解説など）。

・日本語母語話者向けの文章を理解するためには時間が必要であり、他の生徒の読むスピードについていくことは難しいが、必要な時間が確保されれば読めることも多い。

・他の生徒が書く文集の内容は、共有体験があったり、興味のあるテーマであったりすることも多く、作文を書くときの参考になる場合もある。読後の感想や意見を話すような活動にもつなげることができる。

3 の例

・長い文章を避ける傾向にあっても、興味のある長編小説であれば、章ごとに大意を取り、内容を話し合う活動などで読み進めるための補助をすることで、時間はかかっても読みとおすことは可能である。

4 の例

・教科書の文章自体に写真や図解がなくても、資料集、図解集などの副教材がある場合には、その中にある写真、図解、絵を活用すれば、文章理解の助けになる。

・好きなスポーツに関して書かれた文章の専門的な言葉（例：ルール、ポジション名、攻撃、守備の形など）を知っていることにより、文章をより詳細に理解できる。ただし、本来の言語の発音と外来語としてカタカナ語になっている日本語の発音とがかけ離れている場合、結びつかずに理解できない場合もある。また、漢字圏出身者は、漢字のある表現をひらがなで表記されるとかえってわからないこともある。

・得意な科目や特に好きな話題などに関しては、専門的でない用語よりも専門的な用語の方が理解できる場合がある（例：パソコン、スポーツ、音楽、など）。

6 の例

・辞書が使えないときや、ある程度話せる場合には、確認できる周りの人（第一言語のわかる人、教師、クラスメイトなど）に頼ることもある（例：語彙の意味、登場人物の人間関係、出来事など）。

レベル6

1の例

・映画やテレビドラマで見たことのある内容であれば、中高生向けの小説を日本語で読み、おおまかな内容を理解できる。第一言語で読んだことのある物語を日本語で読めば、より詳細に理解できる。

2の例

・生徒によっては、正確な意味を理解しながら読みたい（精読タイプの）生徒や、わかる部分を中心に読み進めながら理解したい（読書を楽しむタイプの）生徒もいる。個々の読書スタイルやどう読みたいかも支援のためには見ていく必要がある。前者は、あらゆる登場人物の詳細や関係を詳しく知ろうと丁寧に辞書を引きながら読むタイプ、後者は、主人公や物語の展開に興味が集中し、他の登場人物や枝葉部分は読み飛ばすタイプ。

3の例

・特に自分で本を選ぶことが難しい生徒に対して、学年や個人差にも配慮し、詩、日記、小説、解説書など多様な分野から生徒に合う読み物を紹介することも、生徒が多様な分野の多様な文体を読むことができるようになるために必要な支援となる。

レベル7

1の例

・レベル6までのサンプル例にあげた内容を、徐々に支援がなくても一人でできるようになる段階であるが、個人差があるため、生徒に応じて、必要な補助をしながら、一人で読めるように支援していく必要がある（例：本人が選んだ専門分野のテクストを一人で読むことが難しい場合に、同じ分野のより読みやすいテクストや、参考になるテクストを紹介する）。

4の例

・「必ずしも正しいとは言えないのではないだろうか」「目的を達成するよう善処したいと返答した」などの微妙な言い回し、曖昧な表現が何を意味しているのかを理解できない場合がある。

・学習場面で「読むことができる」とは、単に内容が理解できることに限らず、著者の意図や生徒の考えなども含めて、それらを書いたり発表したりという他の技能との関連も多くなっていく。そのために、内容理解のための補助が不要になっても、そこから発展した学習のために、「読む」を超えた支援も必要となる。

・中学、高校の国語で学ぶ古典（古文・漢文）の内容は、このレベルにおいてもさまざまな補助が必要な場合がある（例：文化的内容の説明、古語辞典の引き方、歴史、特別な語彙の説明など）。

5の例

・「文章中の下線部についてのあなたの考えを20字以内で書きなさい」「この文章を読んで、あなたの感想を述べなさい」のように、単に質問に答えるだけでなく、自分の考えをまとめて書くという課題においては、読んですばやく理解できないだけでなく、「書く」力とも関連し、指示にそった解答をするためには時間がかかる場合が多い。

・友だち同士のメール文などで使われる表現例「Aくんの運動神経はやばい」という文では、そもそものAくんの運動神経の評価によって良し悪しの解釈は決まる。「この参考書は、良くない（↗）」が疑問形のときは、「良い」ということに同意を得たい気持ちを伝えている、など、友だち同士でなければどう解釈してよいかわからない文をよく知っていることがある。

レベル 8

1 の例

・レベル 7 までのサンプル例における困難に対し支援がなくても一人でできることが増える。社会文化的内容に関する知識も増えるが、来日前後の体験や教育の内容と異なる場合には、異なった理解をする場合も考えられる（例：衣食住、歴史など）。

2、3 の例

・複数言語話者としての多様な視点を持った類推も可能な場合がある。

4 の例

・文化的内容が多いテクストを学習する場合には、それに関する資料を用意するなどの支援は引き続き必要である（例：歴史、古典など）。

③

JSLバンドスケール　中学・高校

【書く】

中学・高校　書く　レベル１	
このレベルの主な特徴	初めて日本語を書くレベル
子どもの様子・ことばのやりとり	1. 日本語の文字を書き写すことができる。 2. 補助があれば、自分の名前や住所、家族構成などについて書ける場合がある。 3. 第一言語で経験したことをもとに、日本語で書くことを理解しようとする。 4. 二言語辞書（例：英日辞書や中日辞典など）を使うことがある。（レベル２以上も同じ） 5. 自分が表現したいことを日本語で書けない場合に、第一言語を使用することが勧められれば、第一言語で書く場合もある。 6. 口頭で言えることと表記が一致しない。

解説①　第一言語と「書く」力

中学生、高校生の場合、日本語で「書く」力はなくても、第一言語による「書く」力がある場合がほとんどです。第一言語を使う家庭・地域社会などでは、子どもの年齢に応じた範囲で、さまざまな目的や読み手を考えて、第一言語で書くことが十分にできるでしょう。

そのような場合、第一言語の使用を勧められれば、考えを明確にしたり、思考を整理したり、自己を表現したり、能力を示し自信を深めたりしようと、第一言語で書くこともあります。つまり、第一言語で培った「書く」力は日本語で書くことを下支えするのです。そのことを生徒に知らせ、自信と自尊感情を持たせることも大切です。

1 の例

・えびす。14 さい。英語と音学。(住所、年齢、好きな教科について)

時間割から、教科名の漢字を書き写すことができるが、「数学」と「音楽」の「ガク」の違いをまだ認識していない。日本語の力がまだ弱いので、自分が言いたいことや、意味のあることを書くことは制限される。

2 の例：教師の補助を受けながら書く

・すじとカレー好です。(すしとカレーが好きです)

・サッカすキで (サッカーが好きです)

・テニスはわたしのぼがつです (テニスは私の部活です)

・あかいとあおいとピンワ (好きな色について。赤と青とピンク)

・にくとアイス好きではあません (肉とアイスは好きじゃありません)

6 の例：口頭で言えることと表記が一致しない

・わたしわちゅコくからいきました。(私は中国から来ました)

→「さらなるサンプル」(p.110)

指導上のポイント

第一言語を使用できる力は、日本語を「書く」力に役立ちます。第一言語を使った指導が有効な場合もあります。JSLの読み書き指導には、生徒の年齢やこれまで受けてきた教育経験を十分に考慮した指導が必要です。たとえば、文の書き方が日本語と異なる言語を第一言語とする生徒の場合、日本語で書くことを覚えるのに時間がかかる場合があります。また、漢字圏から来た生徒の場合、漢字を書くことで適応が早いように見えたりしますが、日本語をしっかり書くためには、まだ集中的な日本語指導が必要です。

中学・高校　　書く　　レベル2	
このレベルの主な特徴	日本語に慣れ始め、日本語を書こうとするレベル
子どもの様子・ことばのやりとり	1. ひらがなやカタカナが定着しつつあるが、まだすべて書けるわけではない。 2. 明示的な補助やモデルがあれば、それにそって短い文を書こうとするが、正確に書けるわけではない。 3. 漢字の書き順が示されれば、それを書き写したり、書いたりできる。 4. 「書き言葉」と「話し言葉」を書き分けることは難しい。 5. 文法の知識や「書き言葉」の形式を教わらないと、「話し言葉」の発達が「書き言葉」に影響を与える。 6. 書く準備として考えをまとめるため、第一言語で書いてから日本語に翻訳しようとする場合もある。（レベル3以上も同じ）

解説②　何のために「日本語を書く」のか

生徒は、なぜ日本語で書けるようにならないといけないのでしょうか。日本で生活するためには、日本語を読んだり書いたりすることが避けられないし、日本語で勉強するためには日本語で「書く」力は不可欠だと考えることもできます。しかし、生徒が自身の第一言語ではなく、第二言語である日本語で「何かを書く」とはどのようなことかを、生徒自身が納得しない限り、日本語を書くことにつながらないでしょう。生徒が何のために日本語で書くのかは、教師がまず考えないといけない問いでしょう。その問いは、人はなぜ書くのかということと直結している問いです。生徒と向き合い、実践を通じて、考えていきたいものです。

1 の例：ひらがなやカタカナが混在する

・ここは日本語の教室です。ここは日本語のべんキおするどころです。（勉強するところです）

2 の例

モデル文に従って句読点を打つことができるが、一人で自由に書くときは句読点をうまく打てない。

①モデル文に従って句読点を打つ場合

ここは、わたしのHRです。ここは、お昼ごはんをたべるところです。ここは、本をよむところです。ここは、生とがべんきょうするところです。ここは、３階にあります。

②一人で自由に書いた場合

ここはとしょしつです。ここは子どもたちは、本をよんでいます。ここて生とたちは、しゅくだいをします。

4、5 の例

・やねの上　のりますから　できるて　言っちゃった。

・まいにち先生とハチはいしょにいろいろのことがします。私はこの犬とおなじ犬がましから好です。（同じ犬が昔から好きです）

・これはぼくのいとこ　いっしょにはなむときにうれしいです。しゅうくだいがあるときこまいます。（これはぼくのいとこ。一緒に話すときに嬉しいです。宿題があるとき困ります）

・ともたちかケカもすごしあた。（ケンカも少しあった）

→「さらなるサンプル」（p.110）

指導上のポイント

「学校行事など実際に体験したことについて書く、テーマについての写真を見ながら書くなど」（文脈上の補助）や、「何を書くかについての具体的な説明、モデル文の提示、語彙や表現のリストなど」（教師の補助）の足場かけを提供することは、生徒が、自分自身のことや友だちのこと、あるいはよく知っている話題について書き始めることにつながります。このような書く練習は、後のより洗練された文章作成の基礎となります。

中学・高校　書く　レベル３	
このレベルの主な特徴	日本語で学習する段階へ移行しつつあるレベル
子どもの様子・ことばのやりとり	1. 適切な補助があれば、生活場面で使用する短い文を書くことができる（例：誕生日カード、宿題のメモなど）。 2. 簡単な文や単語をつなげ、ひとかたまりの文のようなものを書くことができるが、その中で使われる接続詞は限られている（例：そして、しかし、など）。
	3. 知っている漢字を使うことができるが、その数は限られている。 4. 第一言語で考え、それを日本語に翻訳しようとする。これは、書かれた文の構造に現れる。 5. 二言語辞書を見たり、自分の第一言語を話す人に聞いたりする。 6. 文を連ねようとする意識があるが、出来上がる文は乱れている。

解説③　このレベルの生徒の気持ち

このレベルの生徒は、在籍クラスで行われる、書く課題をこなすのは困難です。しかし、だからといって、生徒が何も自己表現できないと考えるのは早計です。生徒は、第一言語なら、読み手や目的に応じて書き方にいくつかの種類があることはわかっている可能性があります。たとえば、「先生への改まった手紙」と「友だちへのくだけた手紙」の違いなどを認識しているかもしれません。ただ、このレベルの生徒は、単文を書くことができますが、接続詞は限られており、複文はまだ作れない段階です。書く文の長さは短く、「話し言葉」で見られるように同じ接続表現が何度も繰り返されたり、「話し言葉」の誤用が反映された文しか書けない場合もあります。したがって、生徒が書く「作文」は幼稚に見えるかもしれません。しかし、生徒によっては、第一言語では表現できる考えを日本語で表現するのが難しく、限られた方法でしか表現できないことにフラストレーションを感じる場合もあります。生徒の気持ちに寄り添うことも、大切です。

2 の例：複文が誤って結合される。接続詞がうまく使われていない

・日本語まだわからないですけど ともだちとそんなにうまくないですから もっとがんばります。

4 の例

・ともだちたちはでんしゃをのります。

→複数の友だちを表現するために「たち」をつける第一言語の影響。

→「電車を乗る」と表現する第一言語の影響。

6 の例

・〇〇ラーメン食べた。あの店すごく忙してす。お客もれつができるにたくさんあります。ぼくが食べたはそぼろ肉ラーメンです。辛くてとてもおいしかったです。

→「さらなるサンプル」(p.110)

指導上のポイント

このレベルの生徒は、在籍クラスでは多くの困難を感じるでしょう。生徒自身が第一言語で身につけた「書く」知識を日本語で文を書くときにも応用しようと考えます。ただし、この場合、文化的な違いが障害になることもあります。たとえば、結論を先に書く文に慣れている生徒は、文末表現が重要になる日本語の構造に慣れるまでに時間がかかるかもしれません。したがって、「書く」実践では、書く前に生徒と何を書きたいかを話し合い、生徒と一緒に生徒が書きたい内容を、日本語にしていくことも大切です。このレベルまでは、モデル文を提示したり、それをなぞったりすることも、よく行われます。そのようなモデルを脱して、生徒が自分の思いや考えを自由に書ける力が育っているかどうかを見極めることも、教師にとっては、大切な仕事です。

中学・高校　書く　レベル４	
このレベルの主な特徴	日本語で書く範囲が拡大していくレベル
子どもの様子・ことばのやりとり	1. 補助（教師の助言、書く前の話し合い、モデル文など）があれば、よく知っている話題で、出来事作文、感想文、説明文などをたくさん書くようになる。 2. よく使われる初歩的な文構造を多用する（例：「～は…です」）。 3. 簡単な接続詞（そして、また、でも）、時間的継起の接続表現（それから、次に、……後で）や比較に関する語句（……より）、原因理由の接続詞（ので、から）を使ったりする。 4. ただし、複雑な複文はまだ書けない。複雑な考えを書こうとすると文に一貫性がなくなるなど、文を構築する力にむらができる。 5. 同じ修飾語句を使い回して意味を限定しようとするため、正確であるとは限らない。 6. 段落の理解はまだ不十分である。 7. 以前より長く、そして速く書けるが、日本語の力は限られているため、日本語で書いたものの「深さ」は、まだ十分ではない。

解説④　「出来事作文」

このレベルの生徒は、補助があれば、たくさん書くことができるようになります。出来事作文も、その一つです。出来事作文は、時系列に文を綴ること、文と文をつなげるときに簡単な接続詞や接続表現を使用すること、過去時制の動詞を使用しやすいことなどを特徴とします。またそれらの文章の間や最後に自分の気持ちや思いを書くこともできますので、生徒にとっては書きやすい作文の一種類といえるでしょう。このような出来事作文は、その後の生徒の「書く」力の基礎となる点で、重要です。なぜなら、出来事作文は、理科の実験結果のレポートや、報告文、感想文、意見文、さらには、高校や大学などで求められるレポートや卒業論文などにもつながる構造を持っているからです。時系列にそって出来事を書くことは、論理的な思考をわかりやすく書くことにもつながります。そのような意味で、出来事作文は、作文指導の基本であり、発展形にもなりうるのです。

1 の例：「中学三年生になって」（意見文）

三年生には受験しなければなりません。一年生より二年生より三年生の方がすごくたいへんでした。一年のときからずっと三年生になるにはたくさんの時間が必要と思いました。しかし今から考えると一瞬だけのことです。

3 の例：「文化祭について」（感想文）

このぶんかさいは私はじめてなんです。それでぶんかさいとようものが分からなかったです。でも私は本当にがんばりました。もともと私はうたが大好きです。クラスが１位になねなかったですけど私にとって私たちが１番だった。でも３年生たちとぜんぜんちがうます。何でいうと。３年生のうたっているその頭がそごかったまたぜいん本きでと心からうたっていたからですと私がおもいます。来年のぶんかさいの時となるを分らないけど私はぜったい１位になりますとおもいます。このぶんかさいはさいこうてした。ありがとござます先生。

→「さらなるサンプル」（p.110）

指導上のポイント

「書く」課題は、生徒にとって意味のあるテーマで、書く必然性があると、書く意欲に刺激を与えます。学校行事やイベントが終わったら、そのことを書きましょうというだけでは不十分かもしれません。書くためには、読み手を意識したり、書かなければならない文脈があったり、伝えたいと思う気持ちがなければなりません。その上で、自分の言いたいことを表すための文章構造や新たな語彙や接続表現を、生徒と対話を通じながら、一緒に考えることが大切です。あるいは、他のクラスメイトが書いた作文を、みんなで読んで検討し合うことも、一つの方法となるでしょう。

中学・高校　書く　レベル５	
このレベルの主な特徴	さまざまな生活場面で日本語を書くようになるが、学習場面で書く力は限られているレベル
子どもの様子・ことばのやりとり	1. 年齢と学年に応じた範囲内で、ほとんどの一般的な話題について、ある程度は正確に、かつ詳細に書くことができる。
	2. 適切な補助（事前に文章構成を教えてもらうなど）があれば、各教科で求められる課題について書くことができる。
	3. ただし、抽象的で複雑な表現を書こうとすると、文の一貫性や正確性が保てなくなることが多い（例：語順、助詞、時制、接続詞、接続表現、自動詞・他動詞などに依然問題が残る）。
	4. 「書き言葉」には、「話し言葉」の影響が残る場合がある（例：口語表現や語彙など）。
	5. 書ける文構造ばかりを多用して書く場合がある。
	6. 「書き言葉」の知識と書く経験は広く浅く発達しているが、ジャンル（例：意見文、説明文、感想文など）と文脈に応じて適切に「書く」力はまだ固まっていない。
	7. そのため、記述内容が平板で、限定的で、深みがない印象を与える。

解説⑤　レベル５は長い坂

このレベルの生徒は、課題に対してすでに持っている日本語力でやり過ごしてしまうため、教師は、これらの生徒には特別な指導は必要ないと思う傾向があります。しかし、このレベルには多様な生徒がいることも確かです。たとえば、「教科内容に関する基礎力がない生徒や、第一言語の読み書き能力が十分に発達していない生徒」は、「ことばの力」がまだ弱い部分が多いため、このレベルは「長い坂」となります。また、「第一言語で教育を受けた経験のある生徒」の場合、学校生活においてはあまり目立ちませんが、学習の面で良い成績を収めるものもいます。それは、得意科目があったり、学習スキルをすでに持っていたり、第一言語ですでに学習していたりするためです。このような生徒のモチベーションは高く、日本語で学ぶ姿勢もあります。以上のように、このレベルの生徒の中には多様な背景の生徒がいるので、よく見極め、課題を明らかにしながら、個別に対応することが大切です。

5 の例：「花壇の花と責任」（意見文）

わたしのクラスの中でかだんの花を取って投げた人がいました。男子はほぼ全員が投げてしまったです。この人たちは花を取ったり人に向かって投げたり授業中にも投げたりしていました。でもこの人たちは先生の説教を受けました。でもわたし見てて注意をしなかったので面白くに見てて自分も責任があります。

6、7 の例：「学校の昼食は給食がいいか、弁当がいいか」（意見文）

わたしは、学校の昼食は給食がいいと思います。その理由は２つあります。
一つめは、弁当だと母をつかれさせたからです。母が朝はやくおきてくってつかれてしまうから。
二つめは給食のほうがお金がやすくて食べやすいからです。
これにたいし、弁当だったら自分の好きなもんを入れられるし、給食だったらメニュが決められている。でもいつも好きな（食べ物だけ食べる）ようにしてたらえいようのかたよりがでる。
だから給食のほうがいいと思いました。

→「さらなるサンプル」（p.111）

指導上のポイント

　このレベルの生徒の「書く」力は、広く浅く発達する傾向があります。自分の経験や意見などについて、さまざまな文を書くことができます。そのため、一見すると問題がないように見えます。しかし、「書き言葉」についての気づきが十分でなく、自分の書いたものを自己評価できず、適切な「書き言葉」とは何かについて混乱している場合があります。問いに対してどう答えるか、根拠や具体例をどう示しながら主張を展開するかなど、文章全体を戦略的に見る練習が必要です。

中学・高校　書く　レベル6	
このレベルの主な特徴	日本語を理解し、学習が進むレベル
子どもの様子・ことばのやりとり	1. 年齢と学年に応じた範囲内で、さまざまなテクストを書くことができる。たとえば、調べたものをまとめ、分析し、考察したことを書いたり、図表やグラフなどを挿入して書くこともできる。 2. 自分で書いた文を自己評価し、時間が与えられれば、独力で書き直すことができるようになる。 3. さまざまな社会的な文脈や教科学習の場面で使用される語彙は増えてきている。ただし、場面に応じた微妙な意味の違いによる表現の使い分けは、十分ではない。 4. ニュアンスの差異を表現するには限界があり、時には不適切な使用も見られる。そのため、依然として、教科内容について「書く」力には制限がある。 5. 文法的な誤用も、依然として残る。たとえば、句読点の位置や文章構成が不正確であったり、テクスト全体の構成やまとめ、要約などの面で、十分とはいえない場合もある。

解説⑥　新たな語彙と表現

このレベルの生徒は、さまざまな種類のテクストを書くことができますが、それらを書く上で苦労するのは、日本語の語彙や表現の社会文化的な側面の知識と、日本語を効果的につなげるやり方です。具体的には、在籍クラスの現代文・古文・漢文の授業で学ぶ語彙や表現、また日本語を使って長く生活しないとわからないような微妙な意味や使い分けのある語彙や表現などです。ただし、それらの語彙や表現を覚えれば、うまく書けるようになるかというと、必ずしもそうとはいえません。それらの語彙や表現を学び、自分の考えや思いをより豊かに日本語で表現できるようになるためには、多様なテクストを読む活動も合わせて取り組み、より効果的に書く指導を行うことが大切です。生徒に任せるのではなく、教師やクラスメイトと一緒に考える実践が求められます。

3 の例：「中学三年生になって」（意見文）

受験は三年生にとって、とても重要なことです。受験を考えると、ふだんには感じられないくらい圧力感を感じます。受験は自分一人の問題ではないです。高校に受かるように多くの人が受験をします。でも、わずか一部分の人しか合格しません。だから、受験には三年生にとってとても重いことです。

4 の例：「職場体験について」（感想文）

私は消防署に行きました。まず、AEDというものを使って訓練をしてきました。AEDは停止した心臓をまた動かすものです。AEDの使い方は簡単だと思ってやったんですけど、とても無理でした。AEDを使って人を助けるのは難しいと思いました。自分にとっていい経験でした。
次は放水訓練についでです。私は消火器を使って実際に放水しました。消火器は、15秒間しかもたないんだなと学びました。消火器をどんな時に使うかというと、火が小さくて、消せるくらいに消火器を使って消します。それでもきえなくてだんだん火が大きくなったら、119番に電話してください。消火器の使い方は、最初ピンを抜いて、ホースをにぎり火にむけてます。そうすれば水が出ます。

→「さらなるサンプル」（p.111）

指導上のポイント

多様なテクストを書くためには、まず、多様なテクストを読む経験が必要になります。さらに、それらをモデルに、書くことを練習する機会が必要です。ただし、そのモデルがあるために、生徒が表現したいことが制限されたり、モデルの構成や文の構造を同じように模倣するため、表現の全体の流暢さに欠ける場合もあります。生徒が書く内容と目的を意識しながら、どのように書くかを、一緒に考えていきたいものです。

中学・高校　書く　レベル7	
このレベルの主な特徴	ほとんどの場面で、日本語を書けるようになってくるレベル
子どもの様子・ことばのやりとり	1. 年齢と学年に応じた範囲内で、時間が十分に与えられれば、教科学習に必要なほとんどのテクスト（例：事実に基づく文や説明文）を独力で書くことができる。 2. さまざまな複文を作ることができるが、一つの文の中に新しい情報を正確に配置したり、さらに意図を明確に表現したりするには依然として困難がある。 3. 文章構成や接続表現の使い方が上達しているが、不完全な場合もある。 4. 幅広い語彙は持っているが、ニュアンスを十分に使い分けることは難しい。 5. 書く目的によって表現を適切に変えることは難しい場合がある（例：読み手との関係を考えて的確な待遇表現を含む依頼文や謝罪文、メールの返信を作成するなど）。

解説⑦　「書くこと」を意識すること

このレベルの生徒は、学習場面における課題についても十分に書く力がついていますし、日本語の語彙の細かい使い分けをしながら書く能力が向上してきています。ただし、学年に応じた範囲で高度な文を書くためには、さらに「書く」力の精度を高めることが必要になります。生徒の考えと他者の異なる考え方を比較したり、それぞれの考えの利点と欠点を書いたり、ある事柄の是非について書いたりする活動は、生徒自身の考えを深め、より広い角度から表現することを学ぶ機会です。より高度な日本語を書くためには、生徒自身が書くことを意識することが必要になります。生徒自身が意識できる目標を明示するとともに、教師の継続的な励ましと支援の提供も必要です。

2 の例：「高校見学に行って」（報告文）

○○高校の見学会に行きました。先生はやさしそうな女性の先生でした。一人ですぐに終わってしまうと思いましたが、30 分の制限時間より５分から７分も長く話をすることができたのは、非常に良かったと思います。
そして、話を聞きながらメモを取り、疑問に思ったことを質問する、ということも、しっかりと実行することができたので、自分が予め準備をしていた質問をその場でできなかったことは残念でした。次回の見学会の課題です。

3 の例：「カルチャーショックについて」（意見文）

日本に来てカルチャーショックを受けたところは、日本とタイの授業の違いについてです。たとえば、日本では、授業がなかなか進みません。なぜなら、うるさい人が多く、先生の注意を無視して、無断で立ち上がったり、他の人の席に移動したりする人がいるからです。
また時間割が少ないことにも驚きました。なぜなら、私の国では、八時間目までありますが、日本では、六時間目までしかありませんのでテストの範囲も小さくなります。さらに、先生は生徒がわかるまで説明するから、範囲がより小さくなります。そのうえ、テストの回数が少ないと思います。

指導上のポイント

このレベルの生徒は、自分の表現したいことを思い通りに書くことができますし、時間が与えられれば、定期試験の問題や、AO 入試などの小論文課題にも対応できる「書く」力があります。したがって、教師は、書くことを生徒自身に任せて、特別な指導を行わなくてもよいと判断するかもしれません。しかし、日頃より、日本語で書くことを、生徒のキャリアに結びつけていけるように指導したいものです。そのためには、生徒自身が日本語で書くことが、自分にとってどういう意味があるかを意識することも大切です。

中学・高校　　書く　　レベル 8	
このレベルの主な特徴	日本語を十分に書けるレベル
子どもの様子・ことばのやりとり	1. 年齢と学年に応じた範囲内で、生活場面、学習場面に関することを、容易に、また効果的に書くことができる。 2. 目的や読み手の種類に応じ、さまざまな文を、社会文化的な事項もある程度踏まえて、書くことができる。 3. 伝えたいことを正確に書くために、幅広い文構造や語彙から適当なものを選ぶことができる。 4. ただし、使用頻度の低い慣用的な表現や社会文化的内容を含む微妙な語句や表現の使い分けには、依然困難がともなう。

解説⑧　「日本語を書くこと」と生きること

このレベルの生徒は、あらゆる場面において、日本語を十分に書くことができます。一方、慣用的表現や社会文化的内容を含む微妙なことばの使い分けが弱い面もあるかもしれません。ただし、それらの点は、他の一般の生徒も同様かもしれません。そのため、このレベルに達した生徒に対して何も働きかけなくてもよいと考える教師もいるかもしれません。あるいは、上記のような語句や表現の使い分けを指摘するだけでよいと考える教師がいるかもしれません。しかし、どちらも適切な対応とはいえません。大切なのは、実践を通じて、生徒自身が「日本語を書くこと」と自分が生きることを重ねて考えていくということです。そのような意味で、これらの生徒に、どのような「書く」活動を軸とする実践ができるのかを考えることが、教師の仕事といえるでしょう。

4の例

「人とのコミュニケーションについて」(意見文の書き出し)

毎朝、母の作った朝食を食べる。ハムや卵やパン、そしてミルク。見慣れた朝の食卓の光景である。だが、それらは私が作ったものでも、ましてや一から育てたものでもない。朝の一コマをとっても、私たちが生きていくには誰かの助けが必要である、ということは明白だ。このような、私たちの生活を日々、支えてくれている誰かや何かとのコミュニケーションについて考えたい。

「将来の夢」(意見文)

私の夢は中華料理店を経営することである。店を出すなら、人の多い東京での経営がいい。店内の中は明るい色を中心に使って、たくさんの人が訪れる店にしたい。
もちろん、私だけでは店を運営することはできないから、一緒にお店で働く人を募集する。呼び込み上手で、かつ掃除を熱心にする人がいい。お店はいつも客がいっぱいで、猫の手を借りるぐらいだから、清潔感のある方で、接客が上手で、動きが素早い人がいい。面接に来る人の服装や髪型などはどうか、敬語が使えるかどうか、私の店で働きたいという理由を聞きたい。大事な大事な中華料理店を経営したいのが、私の夢だ。

指導上のポイント

日本語を使用して、自分の考えや気持ちを表現する力を持つことは、生徒がこれから生きていく上で、とても大切な力になるでしょう。しかし、高度な日本語力を持つことが、最終目標ではありません。生徒の第一言語で「書く」力も、生徒にとっては、重要な意味を持つことでしょう。第一言語を含めた複言語・複文化能力と向き合い、どのように生きていくかという課題に取り組むことこそが、生徒のこれからの人生で最も重要なテーマであり、実践です。それは、生徒にとっても、教師にとっても大切な実践といえるでしょう。

さらなるサンプル&情報　「書く」

レベル１

３の例

・漢字圏から来た生徒が中国語の簡体字・繁体字と日本語の漢字との異なりを意識するのは、まだ難しい。

レベル２

２の例

・単純な文型や語句が身につき始めているが、必ずしも正確ではない。
1. いど（移動）教室をいきました。八ヶ岳をいきました。
2. えが（映画）たくさん見ます。Vampireのえが見ます。ぼけんえがをが好きだからです。（冒険映画が好きだからです。）

レベル３

１の例

・４月から７月までおばさん２人といとこ２人と住んでいました。この人たちといっしょにおでかけしました。まちでボリングしました。

レベル４

２、３の例

・「修学旅行」（出来事作文）

朝、東京えきに行って、そのあと新幹線に乗って、出発しました。新幹線のスピートはとてもはやいが、外はとてもきれいでした。緑に青とてもきれいな景色だった。しばらく見てたらねむくなって、一時間ぐらいねました。一時間後に起きて、車内でトラップ（トランプ）をやりました。しばらくで、新大阪に着いて、そのあとバスに乗って、東大事（東大寺）に行きました。バスの中から外を見て、大阪の店のデザインがとてもおもしろかった。

・「職場体験」（出来事作文）

僕は、はじめて職場体験にいきました。僕のいった所は、警察署に行きました。体験は、３日間しかありません。最初は、行くのがいやだったけどだんだんなれてきてたのしくなってきました。

警察署での仕事はＡグループ、Ｂグループ、ＣグループとわかれていてＡグループは、24時間中をまわっていて、のこりのＢとＣは警察署の中でれんしゅう、くんれんをやっています。なんで24時間も中を回わらなくちゃいけないというと、もしそこで事件がおきたらすぐに出動できるからです。

４の例

・「合唱コンクール」（感想文）

なぜ１回目は緊張したかというと、初めてたくさんの人に歌ったからです。どうして２回目は１回目より緊張がなかったかというと、前にたくさんの人の前で歌って１回目よりなれてきたから１回目よりは緊張しませんでした。

レベル５

3、4の例

・「自主自律とは」（意見文）

自主自律とは自分がやってた一つ一つを考えてやって良いことや、やっていけないをしっかり考えて行動して周囲に迷惑をかけずに行動する。学校といえば提出物をしっかり終わらせて提出して、授業をしっかりうけて家で勉強して復習する。ぼくはしゅくだいはあまり提出しないで授業態度も、よくないでちこくもよくする自主自律をしっかりするのはすごくむずかしいです。

・「いじめ問題について」（意見文）

ではなぜこの世界にいじめがあるのか皆さん考えたことありますか、皆さん同じ人類なのに人と人の肌が違かうから「うわ〜気持ちわるい」といじめだ、外国からきて「アイツ〇〇語、しゃべれないからいじめよ」と思う人もこの世に少なくないでしょう。でもなぜ同じ人類というのにいじめをするでしょうか、外国からきたからいじめる、肌色が違がうからいじめる、外国からきたからいじめる、感じがわるいからいじめるとさまざまな理由でいじめちゃったことが多いでしょう。

皆さんは生れてきて、自分の人生の中にもすでにいじめられるの運命を決定してからいじめられちゃったがそれとも人と人の差別から日々かさねで周囲から「イイやダ」と言う声えからいじめられちゃったのかとぼくは思います。

レベル６

5の例

・「人間関係を築く上でもっとも重要だと思うことについて」（意見文）

人間関係を築くもっとも重要なことは、人とのコミュニケーションと思います。人と話をしないと、その人の性格が分からない、そして友達にもなれないと思います。

たとえば、ある日、外国から日本に引っ越しをしなければならない、しかし引っ越しをする人は日本語がまったくわかりません。

しかも、日本人の生徒と同じ学校に通わなければならないことになってしまいました。でも、言葉の壁があって、なかなか友達が作れそうにありません。そして、授業にもついていけません。

そしてもう一つの例。世の中には口げんかからなぐり合いに発展することが多いと思います。それらの原因は、自個主張が強いから、相手とコミュニケーションがまったくとれず、けんかになってしまうんだとぼくは思います。しかし、その場でしっかりと相手の意見を聞き入れて、この事について理解し、ケンカにはならなくても、話し合いで終わらせることもできると思います。

この二つの例から、人とコミュニケーションをとるのは、難しいけれど、人と話をすれば楽しいこともあります。そして、その力で友達を作ったりして、楽しい日々になると思います。だからコミュニケーションは、人間関係を築く上で、一番大事なことだとぼくは思います。

JSLバンドスケール　中学・高校

	レベル１ 初めて日本語に触れるレベル	レベル２ 日本語に慣れ始めるレベル	レベル３ 日本語で学習する段階へ移行しつつあるレベル	レベル４ 日本語によるやりとりの範囲が拡大していくレベル
子どもの様子・ことばのやりとり	□初めて日本語に触れるため、黙っている。 □他の生徒のやっていることを真似て、教室活動に参加したりする。 □第一言語での経験をもとに、身振りやイントネーションの意味を理解しようとする。 □言語的な負担が多くなると、集中力が続かなくなる。 □自分の第一言語を話す人に説明や翻訳を求める。 □第一言語で経験したことをもとに、日本の学校文化（規則や学校で期待されることなど）を理解しようとする。 □第一言語に関わる文化的知識や態度、価値観を持っていることがある。 □日本語を「聞く」力はなくても、第一言語を使う家庭・地域社会などでは、生徒の年齢に応じた範囲で、第一言語を聞いて理解することができる。	□挨拶や短い指示など、簡単なやりとりは理解できる。 □一対一で、繰り返しや言い換え、写真や補助的情報があって、ゆっくり話されれば、反応することができる。 □自分に関することや、よく聞かれる質問は理解できるが、よく知らない文型で聞かれると、理解できなくなる。 □聞き取った言葉の意味を理解するには時間がかかる。 □在籍クラスでのやりとり、またクラスメイトとのやりとりは、ほとんど理解できない。 □聞くための基本的な方略（ストラテジー）は持っている。 □第一言語の影響により、濁音や清音を聞き分けられない場合がある。 □多くの場面で、第一言語のみのやりとりを好む。	□身近な話題で短く、簡単なやりとりを聞いて理解し始める。 □一対一の対面で、教師がゆっくり話し、かつ繰り返しやわかりやすい言い換えを行うと、話の内容を理解できる。 □聞き取った言葉の意味を理解するには、まだ時間がかかる。 □日本語母語話者同士の会話から、断片的なことは聞き取れるが、話題がどんなことかわからず、会話に参加することは難しい。 □繰り返しや助けを求める方略を持っている。 □よく使われる時制や語形、質問の形、文型のいくつかは理解するが、複雑な複文などが使われると、聞き取れなくなる。 □短い文は理解できるが、長い発話や馴染みのない話の筋を追うことはできない。 □日常的な場面に現れる語彙以外の口語的表現は、わからないことが多い。	□よく知っている文脈で、補助（ジェスチャーや言い換え、時間など）があれば、さまざまな話を聞き取ることができる。 □学習場面で、補助（文脈的な補助、視覚教材、わかりやすい語句による説明）があれば、目の前にない抽象的な内容の話を聞き取ることができる。 □助詞や文末表現、また複文などが理解しにくいため、会話や説明が長くなると、多くの部分で聞き落としがある。 □日本語母語話者同士による、くだけた会話では何が話題になっているかはわかることがあるが、細かい内容まで理解するのは難しい。 □わからないときは、繰り返しを求めたり、簡単な語句での言い換えを要求したりする方略を使うことがある。 □話題が複雑であったり、情報が細かい場合は、簡単な表現で言い換えたり、よく説明してくれる人に頼る。 □よく使われる口語表現には、慣れ親しんでいる場合もあるが、背景知識が足りない場合や、文化的なことが多く含まれる場合は、聞き取りができなくなる。 □周りに人が多く、雑音が多いところでは、話の基本的な情報を聞き逃すことがある。

このチェックリストは、各レベルの主な特徴をまとめたものです。生徒の日本語の発達段階を把握するために使用しましょう。
詳しい情報や例は本文をご参照ください。

「聞く」チェックリスト

レベル５ さまざまな生活場面で日本語を理解するようになるが、学習場面では、理解する力は限られているレベル	レベル６ 日本語を聞いて理解し、学習が進むレベル	レベル７ ほとんどの場面で、聞いて理解できるようになってくるレベル	レベル８ 日本語を聞いて十分に理解できるレベル
□学校の日課（例：朝礼、HR、掃除など）のほとんどで、指示を聞いて理解できる。特に、身近な話題なら、日本語母語話者同士の会話を聞いて、その概要や一部を理解できる。 □学習場面では、よく知っている話題で、言語面への補助があれば、学習内容を理解できる。 □しかし、学習場面で、複雑な言い回しや表現、概念を使って説明されたり、話題を発展させられたりすると、深い部分を聞いて理解するのは難しくなる場合がある。 □教科内容について聞く時間が長く、話題の転換が速い場合や、周りの音がうるさい場合には、集中力が下がったり、疲れてしまう場合がある。 □生活場面、学習場面で多様な語彙を習得しているが、語彙の使用範囲や語彙の多様性については理解が不十分である。 □文の全体像を捉える力や、長くて複雑な複文や主従関係を理解する力は、まだ十分ではない。これは語彙力、構文力、表現力の不十分さから生じる理解の弱さを示している。 □学校文化的要素が含まれた口語表現は理解できないことがある。	□学校生活のほとんどの場面において、容易に、聞いて理解できる。 □新しい話題について教師が普通の速さで話題を発展させても、ほぼ理解できる。 □クラス全体の話し合いやグループ活動などでも、話している内容を聞いて、ほぼ理解ができる。 □ただし、語彙や表現、文法知識がすべて定着しているわけではないため、意見交換のあるグループ活動や討論のようなすばやいやりとりや話題の展開がある場面では、すべてを理解することは困難な場合がある。 □日本語母語話者による通常の速さの話を長時間聞くと、疲れを感じる。 □文化的な背景知識が必要なだじゃれやユーモア、口語的表現を理解することは、難しい場合がある。	□年齢と学年に応じた生活場面、学習場面において、ほとんどの発話を聞いて理解できるようになる。 □身近でない話題の談話を聞いても理解できる。 □聞くことに集中でき、また、周囲の雑音があっても聞き取れる。 □ただし、社会文化的な経験や知識が足りず、聞きもらすことがある。 □日本語母語話者が使う、スラングや方言などを理解する力がついてきているが、まだ完全に理解するにはいたっていない。	□年齢と学年に応じた生活場面や学習場面において、あらゆる発話を難なく聞いて理解できる。 □速い発話も理解できる。雑音が多いところでも、聞くことに集中し理解できる。 □ほとんどの慣用表現やスラング、文化的なニュアンス、特定の集団に特有のことばの使い方などは理解できる。しかし、ごく一部の集団に限られるようなユーモアや耳慣れない熟語は理解できない。 □文化的、歴史的、慣用的な用語や比喩、テレビのコメディなどで使われる、社会や文化事情に深く根ざした表現などを聞いて理解するのは、依然として難しい。 □ただし、そのような場合でも、全体的な内容の理解を大きく妨げるものではない。

生徒の名前 ＿＿＿＿＿＿＿＿　記入日 ＿＿／＿＿／＿＿　記入者名 ＿＿＿＿＿＿＿＿

JSLバンドスケール　中学・高校

	レベル1 初めて日本語を話すレベル	レベル2 日本語に慣れ始め、日本語を話そうとするレベル	レベル3 日本語で学習する段階へ移行しつつあるレベル	レベル4 日本語によるやりとりの範囲が拡大していくレベル
子どもの様子・ことばのやりとり	□言いたいことが言えず、ジェスチャーや一語文を使う。 □「ありがとうございます」「ごめんなさい」「すみません」など、よく使われる日本語を知っている場合もある。 □身近な単語をいくつか言うことができる場合もある。 □来日したばかりで何も知らない場合もあるし、何も話さないで過ごす「沈黙期間」に入っている場合もある。 □他人が言ったことや、クラスではやっている決まり文句を覚え、それを試そうとする。 □内容が理解できないため、同じ第一言語を話す人から、話題や内容、キーワードを聞き出そうとする。 □日本語を「話す」力はなくても、第一言語で「話す」力はある。第一言語を使う家庭・地域社会などでは、生徒の年齢に応じた範囲で、第一言語を流暢に話すことができる。	□身近な場面で使う挨拶などの言葉を覚え、使い始める。 □一対一のやりとりで、話題が理解しやすい場合、簡単なやりとりができる。 □やりとりを続けるためには、言い換え、繰り返しを多用し、発言を待ってくれるような聞き手が必要となる。 □話すとき、第一言語の影響が、発音、アクセント（高低・強弱）、イントネーションのパターンなどに現れる。 □適切な日本語がわからないときは第一言語を話す人を求める。 □学習したパターンを文法上使用できない単語にまで応用させたり、組み合わせたりするため、不完全なことがある。 □日本語の語彙の範囲は基本的なことに限られる。	□よく聞いてくれる聞き手がいれば、一対一の簡単なやりとりに参加できる。 □身近な話題については、短い会話に参加できる。 □一対一の場面では、知らない単語の意味や日本語の単語を尋ねたりするが、在籍クラスの授業では教師とクラスメイトの会話に参加することは難しい。 □語彙を知らないときは、遠まわしに言ったり、口ごもったりする。 □簡単な接続表現を使って話すことができるが、複文を使った発話は少なく、話が長くなると、断片的な発話になる。 □動詞の活用や時制の組み合わせは不規則である。第一言語の時制規則の影響を受けている場合がある。 □考えている深い内容や複雑な考えを述べようとすると、時間がかかり、語順が乱れる。	□親しい聞き手との間では、さまざまなやりとりができる。 □自分のことや過去の出来事について、短い発話で、説明できる。 □複雑な気持ちや事柄を日本語で表現しようとするが、その場合に、聞き手がよく聞きながら、時には質問や言い換えをするような補助が必要である。 □話をしているときに、訂正されることを嫌がることもある。 □準備のないまま長い発話をすると一貫性がなくなる。 □日本語でもっと話そうとするが、理解できる日本語と話せる日本語が違うことに気づいているので、フラストレーションを感じる。 □語彙や表現の使い方やニュアンスの違いを理解し始める。 □生活場面で、自分の言いたいことを表現する語彙はある程度あるが、意味を確認するために自分の知っている表現で言い換えるため、説明が長くなることもある。

このチェックリストは、各レベルの主な特徴をまとめたものです。生徒の日本語の発達段階を把握するために使用しましょう。
詳しい情報や例は本文をご参照ください。

「話す」チェックリスト

レベル５ さまざまな生活場面で日本語を理解するようになるが、学習場面で話す力は限られているレベル	レベル６ 日本語を理解し、学習が進むレベル	レベル７ ほとんどの場面で、日本語を使用できるようになってくるレベル	レベル８ 日本語を十分に使用できるレベル
□さまざまな生活場面で日常会話を理解し、やりとりに参加していくことができる。 □複雑な談話では正確さに欠けるものの、自分から話しかけたり、長い会話を続けたりできる。 □発音なども日本語母語話者とあまり変わらないこともある。 □相手と自由にやりとりするための方法を身につけ、自分なりの話し方のスタイルを確立し始める。 □学習場面では、クラスメイトとやりとりしながら学習活動に参加できるが、複雑な考えや意見を述べることは難しいため、発話に「深み」がない。 □相手の受け答えのスピードが速すぎると、話についていけない。 □副詞、形容詞、形容動詞など、たくさんの語句を知っていても、プレッシャーを感じるときや急に発話を求められた場合、不正確になり、うまく表現できないこともある。	□生活場面でも学習場面でも、会話に参加できる。 □微妙な表現や細かいことを言うには、まだ聞き手の助けが必要なことがある。 □広い語彙を持っているが、正確な表現がわからないときは言い換えることができる。 □やりとりの場面では、日本語母語話者同士の会話に加わったり、意図して加わらなかったり、積極的に話したりなどさまざまな方法で参加することができる。 □討論やディベート、質疑応答、弁論、生徒会活動、クラス討論など、学校内の活動にうまく参加していくには、支援が必要である。 □さまざまな語を知っており、意味を正確に伝えようとする力は十分にあるが、文法的な間違いは依然ある。 □発音を間違えたり、独特のアクセントで話したりすることもあるが、これは聞き手側にとって会話を妨げるほどではない。	□ほとんどの生活場面、学習場面で、さまざまな目的に応じて適切に日本語を使う能力が定着してきている。 □複雑な考えを正確にかつ詳細に述べたり、クラスメイトと議論したりすることができる。 □予測できない、すばやいやりとりにも対応できる。 □流暢に日本語を話すが、ときどき文構造や語彙の選択、発音やイントネーション、社会文化的事項の点で、誤用が見られる場合がある。 □ときどき、第一言語の影響が発音に残ることもあるが、それがコミュニケーションの妨げになることはない。	□生活場面、学習場面で、さまざまな目的に応じて、流暢に日本語を使いこなすことができる。 □教科内容の説明や授業範囲のあらゆる談話に参加できる。 □四字熟語やことわざなど耳慣れない熟語や、自分が属さない集団に限られるようなユーモアなどは、理解が難しい場合がある。 □一部に耳慣れないアクセントがあっても、違和感を覚えないほど、流暢に日本語を話せる。 □比喩的表現や熟語、社会文化的事項などに関する広い知識を持つが、ときどき誤用も見られる。

生徒の名前 ＿＿＿＿＿＿＿＿　記入日 ＿＿／＿＿／＿＿　記入者名 ＿＿＿＿＿＿＿＿

JSLバンドスケール　中学・高校

	レベル１ 初めて日本語を読むレベル	レベル２ 日本語に慣れ始め、日本語を読もうとするレベル	レベル３ 日本語で学習する段階へ移行しつつあるレベル	レベル４ 日本語による「読み」の範囲が拡大していくレベル
子どもの様子・ことばのやりとり	□自分に関係する身近な文字は認識できる。 □第一言語による読む経験や「読む」力が発達している場合、日本語を読む姿勢を見せる。 □しかし、日本語を理解していないため、日本語で書かれたテクストから意味を取ることは限られる。 □ひらがなやカタカナに慣れるまでは、「読む」力は限定的なものに留まる。 □第一言語で経験したことをもとに、日本語の文字や記号文化を理解しようとする。 例：漢字圏出身の生徒は、漢字から意味を類推する。 □日本語を「読む」力はなくても、第一言語による「読む」力がある場合がある。第一言語を使う家庭・地域社会などでは、生徒の年齢に応じた範囲で、第一言語を読んで理解することができる。	□日常生活でよく目にする、頻度の高い文字での指示や表示を理解できる。 □ひらがなやカタカナはほぼ読むことができる。ただし、形や音の似ているものを混同することがある。 □絵や写真などの視覚的補助があれば、身近な話題に関する簡単な表現や、短い文を読むことができる。 □第一言語で培った読解スキルや読解経験を利用したりする。 □テクストから、名詞や動詞の意味を部分的につかむこともあるが、助詞、接続表現、時制などを理解することは難しい。 □第一言語で経験したことをもとに、日本語の文字や記号文化を理解しようとする。	□日常生活でよく目にする短いテクストを、視覚的な助けや場面から推測しながら読むことができる。 □手順について簡単に書かれたものや、絵や記号で説明されたものを理解できる。 □補助があれば、短いテクストやリライト教材を読むことができる。 □基礎的な接続詞（「しかし」「そして」「また」「それから」など）を用いた文のつながりは理解できる。 □第一言語で経験したことをもとに、日本語の語彙や表現を理解しようとする。 □第一言語を話す友人に問いかけたり、第一言語と日本語の二言語辞書を使ったりするなど、二言語を使った補助に強く依存することもある。	□単純な構成のテクストや物語を楽しみながら読むことができる。 □教師の支援や視覚的な補助があれば、身近な話題で、事実に基づくわかりやすいテクストから、主要な情報を得たり、それを十分に理解したりすることができる。 □ただし、特別な社会文化的内容を含む場合、複雑な文章で展開していく場合、また熟語や難しい語彙が含まれている場合は、困難を感じる。 □在籍クラスで扱われる教科書などを独力で読むことは難しい。 □読解能力は、これまでの口頭でのやりとりや読みの中で出会った日本語表現や語彙の量に制限される。 □第一言語で経験したことをもとに、日本語の語彙や表現を理解しようとする。 □二言語辞書を利用することがある。（レベル８まで、続く）

このチェックリストは、各レベルの主な特徴をまとめたものです。生徒の日本語の発達段階を把握するために使用しましょう。
詳しい情報や例は本文をご参照ください。

「読む」チェックリスト

レベル5 さまざまな生活場面の日本語を読めるようになるが、学習場面で読む力は限られているレベル	レベル6 日本語を理解し、学習が進むレベル	レベル7 ほとんどの場面で、日本語を読んで理解できるようになってくるレベル	レベル8 日本語を十分に読んで理解できるレベル
□社会文化的な内容や専門的な内容がない、事実について書かれた日本語母語話者向けのテクストを読んで理解することができる（例：学級通信、文集など）。 □年齢と学年に応じた範囲内で、あまり知らない話題の解説文や専門的文章など、より複雑で抽象的なテクストについて、その概要を把握することができるが、その理解の「深さ」は、総合的な日本語力に制限される（例：雑誌や新聞の記事など）。 □長い文章を理解するのは困難なため、そうしたものを避ける傾向がある（例：長編小説、雑誌の長い特集記事など）。 □教科学習に関するテクストを読む場合、語彙の説明、文脈的情報、概念の説明など、教師の補助が必要である。 □自分のペースで読んだり、読み返しのための時間が必要なこともある。 □二言語辞書や国語辞書を幅広く使用する。	□年齢と学年に応じた範囲内で、社会文化的な内容が多くない、さまざまな分野のテクストを理解できる（例：中高生向きの小説）。 □わかりやすい文で説明される課題には一人で対応できる。 □ただし、複雑な複文が多く、文脈が取りにくい論説文などを読んで、その詳細を理解することは難しい場合がある。 □学習場面で使用されるテクストを批判的に読んだり、解釈したりすることは困難な場合がある。 □テクストの著者の主張や意図を、テクストに見られる言語的な特徴から推論するにはまだ困難がある（例：二重否定や反語表現など）。 □長い文章を読むのに時間がかかる。	□年齢と学年に応じた範囲内で、ほとんどの生活場面、学習場面で、テクストを読み、理解できる。 □辞書などを使って時間をかけて読めば、身近なテーマではない複雑で長い文章でも独力で読むことができる。 □複文などの文構造、さまざまな種類の文や、呼応の副詞（例：「必ずしも〜ない」など）、語彙の使用範囲もわかるようになり、テクストの中で推論する力もついてくる。 □ただし、接続詞などで明示されていない段落の構造や、段落間の関係を読み取ることが難しい場合もある。また、読解スキルがまだ十分ではないため、スムーズに速読することはできない。 □微妙な言い回しを理解するにはまだ問題が残る。社会文化的知識が必要な内容のテクストは理解が難しいこともある。	□年齢と学年に応じた範囲内で、生活場面、学校場面で目にするほとんどのテクストを独力で容易に理解することができる。 □学校の教科書や論説文などを読み、テクストの著者の主張や意図を推測することができる。 □年齢と学年に応じたスピードで読むことができる。 □社会文化的内容が多いテクストを読むのは、困難な場合がある。

生徒の名前 ＿＿＿＿＿＿＿＿　記入日 ＿＿／＿＿／＿＿　記入者名 ＿＿＿＿＿＿＿＿

JSLバンドスケール　中学・高校

	レベル１ 初めて日本語を書くレベル	レベル２ 日本語に慣れ始め、日本語を書こうとするレベル	レベル３ 日本語で学習する段階へ移行しつつあるレベル	レベル４ 日本語で書く範囲が拡大していくレベル
子どもの様子・ことばのやりとり	□日本語の文字を書き写すことができる。 □補助があれば、自分の名前や住所、家族構成などについて書ける場合がある。 □第一言語で経験したことをもとに、日本語で書くことを理解しようとする。 □二言語辞書（例：英日辞書や中日辞典など）を使うことがある。（レベル２以上も同じ） □自分が表現したいことを日本語で書けない場合に、第一言語を使用することが勧められれば、第一言語で書く場合もある。 □口頭で言えることと表記が一致しない。	□ひらがなやカタカナが定着しつつあるが、まだすべて書けるわけではない。 □明示的な補助やモデルがあれば、それにそって短い文を書こうとするが、正確に書けるわけではない。 □漢字の書き順が示されれば、それを書き写したり、書いたりできる。 □「書き言葉」と「話し言葉」を書き分けることは難しい。 □文法の知識や「書き言葉」の形式を教わらないと、「話し言葉」の発達が「書き言葉」に影響を与える。 □書く準備として考えをまとめるため、第一言語で書いてから日本語に翻訳しようとする場合もある。（レベル３以上も同じ）	□適切な補助があれば、生活場面で使用する短い文を書くことができる（例：誕生日カード、宿題のメモなど）。 □簡単な文や単語をつなげ、ひとかたまりの文のようなものを書くことができるが、その中で使われる接続詞は限られている（例：そして、しかし、など）。 □知っている漢字を使うことができるが、その数は限られている。 □第一言語で考え、それを日本語に翻訳しようとする。これは、書かれた文の構造に現れる。 □二言語辞書を見たり、自分の第一言語を話す人に聞いたりする。 □文を連ねようとする意識があるが、出来上がる文は乱れている。	□補助（教師の助言、書く前の話し合い、モデル文など）があれば、よく知っている話題で、出来事作文、感想文、説明文などをたくさん書くようになる。 □よく使われる初歩的な文構造を多用する（例：「～は…です」）。 □簡単な接続詞（そして、また、でも）、時間的継起の接続表現（それから、次に、……後で）や比較に関する語句（……より）、原因理由の接続詞（ので、から）を使ったりする。 □ただし、複雑な複文はまだ書けない。複雑な考えを書こうとすると文に一貫性がなくなるなど、文を構築する力にむらができる。 □同じ修飾語句を使い回して意味を限定しようとするため、正確であるとは限らない。 □段落の理解はまだ不十分である。 □以前より長く、そして速く書けるが、日本語の力は限られているため、日本語で書いたものの「深さ」は、まだ十分ではない。

このチェックリストは、各レベルの主な特徴をまとめたものです。生徒の日本語の発達段階を把握するために使用しましょう。
詳しい情報や例は本文をご参照ください。

「書く」チェックリスト

レベル５ さまざまな生活場面で日本語を書くようになるが、学習場面で書く力は限られているレベル	レベル６ 日本語を理解し、学習が進むレベル	レベル７ ほとんどの場面で、日本語を書けるようになってくるレベル	レベル８ 日本語を十分に書けるレベル
□年齢と学年に応じた範囲内で、ほとんどの一般的な話題について、ある程度は正確に、かつ詳細に書くことができる。 □適切な補助（事前に文章構成を教えてもらうなど）があれば、各教科で求められる課題について書くことができる。 □ただし、抽象的で複雑な表現を書こうとすると、文の一貫性や正確性が保てなくなることが多い（例：語順、助詞、時制、接続詞、接続表現、自動詞・他動詞などに依然問題が残る）。 □「書き言葉」には、「話し言葉」の影響が残る場合がある（例：口語表現や語彙など）。 □書ける文構造ばかりを多用して書く場合がある。 □「書き言葉」の知識と書く経験は広く浅く発達しているが、ジャンル（例：意見文、説明文、感想文など）と文脈に応じて適切に「書く」力はまだ固まっていない。 □そのため、記述内容が平板で、限定的で、深みがない印象を与える。	□年齢と学年に応じた範囲内で、さまざまなテクストを書くことができる。たとえば、調べたものをまとめ、分析し、考察したことを書いたり、図表やグラフなどを挿入して書くこともできる。 □自分で書いた文を自己評価し、時間が与えられれば、独力で書き直すことができるようになる。 □さまざまな社会的な文脈や教科学習の場面で使用される語彙は増えてきている。ただし、場面に応じた微妙な意味の違いによる表現の使い分けは、十分ではない。 □ニュアンスの差異を表現するには限界があり、時には不適切な使用も見られる。そのため、依然として、教科内容について「書く」力には制限がある。 □文法的な誤用も、依然として残る。たとえば、句読点の位置や文章構成が不正確であったり、テクスト全体の構成やまとめ、要約などの面で、十分とはいえない場合もある。	□年齢と学年に応じた範囲内で、時間が十分に与えられれば、教科学習に必要なほとんどのテクスト（例：事実に基づく文や説明文）を独力で書くことができる。 □さまざまな複文を作ることができるが、一つの文の中に新しい情報を正確に配置したり、さらに意図を明確に表現したりするには依然として困難がある。 □文章構成や接続表現の使い方が上達しているが、不完全な場合もある。 □幅広い語彙は持っているが、ニュアンスを十分に使い分けることは難しい。 □書く目的によって表現を適切に変えることは難しい場合がある（例：読み手との関係を考えて的確な待遇表現を含む依頼文や謝罪文、メールの返信を作成するなど）。	□年齢と学年に応じた範囲内で、生活場面、学習場面に関することを、容易に、また効果的に書くことができる。 □目的や読み手の種類に応じ、さまざまな文を、社会文化的な事項もある程度踏まえて、書くことができる。 □伝えたいことを正確に書くために、幅広い文構造や語彙から適当なものを選ぶことができる。 □ただし、使用頻度の低い慣用的な表現や社会文化的内容を含む微妙な語句や表現の使い分けには、依然困難がともなう。

生徒の名前 ＿＿＿＿＿＿＿＿　記入日 ＿／＿／＿　記入者名 ＿＿＿＿＿＿＿＿

付　録

解説一覧

中学・高校

【聞く】

解説①　中学生・高校生で初めて日本語に触れる
解説②　日本語に慣れ始める
解説③　日本語に徐々に慣れ、日本語で学び始める
解説④　日本語によるやりとりが拡大していく
解説⑤　レベル5は長い坂
解説⑥　日本語を聞くということ
解説⑦　音声学習の学習動機
解説⑧　「聞く」力は、知識や情報の量と関連する

【話す】

解説①　「移動させられた子ども」
解説②　中学生・高校生で来日した生徒の場合
解説③　「声が届く体験」
解説④　日本語によるやりとりの範囲が拡大していくレベル
解説⑤　レベル5は長い坂
解説⑥　深く考えることと「ことばの力」
解説⑦　「話すこと」を学ぶこと
解説⑧　「話すこと」は生きること

【読む】

解説①　生徒の成育過程と生活を知ること
解説②　多様な力を持つ生徒たち
解説③　「読むこと」は考えること
解説④　二言語辞書を使う
解説⑤　レベル5は長い坂

解説⑥　「年齢と学年に応じた範囲内で」
解説⑦　レベル７の生徒の「読む」力
解説⑧　「読むこと」と生きること

【書く】

解説①　第一言語と「書く」力
解説②　何のために「日本語を書く」のか
解説③　このレベルの生徒の気持ち
解説④　「出来事作文」
解説⑤　レベル５は長い坂
解説⑥　新たな語彙と表現
解説⑦　「書くこと」を意識すること
解説⑧　「日本語を書くこと」と生きること

キーワード解説

本書で使用される用語について、説明します。

JSL	第二言語としての日本語（Japanese as a Second Language：JSL）をいいます。
子ども	本書では、国籍にかかわらず、日本国内で日本語を第二言語（Japanese as a Second Language：JSL）として学ぶ子どもをいいます。また日本語を第一言語とする子どもで海外で長く過ごした後に帰国し日本語を学ぶ子どもも含め、「JSL生徒」ともいいます。
教師	本書ではわかりやすい表現として「教師」を使っていますが、教員免許の有無にかかわらず、子どもに関わる指導者や実践者の意味も含みます。
ことばの力	日本語だけではなく、第一言語など複数の言語による総合的なコミュニケーション能力をいいます。
在籍クラス	子どものホームルームとなるクラスを想定するときに使用します。
第一言語を使用する家庭・地域社会	子どもの第一言語を使用する家庭や「母語教室」、教会など、子どもの生活全般を含みます。
テクスト	意味を持つ言葉のまとまりをいいます。学校の教科書だけを意味しません。役所の文書も、物語の文章も、「止まれ」のような表示やメールも、ツイッターもテクストです。テクストの意味は、文脈によっても異なるので、文脈の中で意味を理解することが必要です。
沈黙期間	新しい言語の世界に入った初期の段階で見られる「話さない時期」のことをいいます。子どもは周りを観察し、必要な情報を吸収していますので、黙っていても話し手の意図を理解している場合があります。この期間は、1ヶ月、3ヶ月、半年など、子どもによっても異なります。この期間の子どもに無理に話させようとする指導は有効とはいえません。教師は、文脈にそくした短い言葉でやりとりを促し、気長に見守る態度が必要です。
複言語・複文化能力	複言語・複文化能力とは、一人の個人の中には複数の言語体験や文化的体験から得た知識や能力が混ざり合って存在しており、そのような能力を是とし、尊重する考え方（複言語・複文化主義）に基づく能力観をいいます。一人の個人の中に、多様な言語能力と文化理解力が混在していて、たとえそれらが部分的でも複合的に構成されている能力をいいます。
足場かけ（スキャフォールディング）	家を建てるときに足場を組み立て、家が完成すると足場をはずすように、子どもが独力で学ぶことができるようにする手立てをいいます。たとえば、「りんご」という文字が書けない子どもに、「り・ん・ご」と教えるのではなく、50音図を見ながら、子どもと一緒に文字を探したり、子どもが知っている他の語から同じ音の文字を探したりして、子どもが独力で学べるようにする手立てをいいます。
文脈	言葉の意味は言語形式によって伝えられるだけではなく、話し手と聞き手の関係性や社会的背景知識によって決まります。そのような言葉の意味が生まれるコミュニケーションの脈絡の総称を文脈といいます。コンテクストともいいます。

方略（ストラテジー）	外国語学習や外国語を使ったコミュニケーションの場面で、学習者が使用する戦略的な方法をいいます。学習するとき、新出単語をカードに書いたり、辞書で調べたりする方略（学習ストラテジー）、外国語で会話をするとき、頷いたり、聞き返したり、自分の知っている話題や文型を使ったりする方略（コミュニケーション・ストラテジー）、失敗しても自分を褒めたり、慰めたりする方略（情意ストラテジー）などがあります。
やりとり	子どもが、自分の第一言語や日本語、具体物、ジェスチャーなどを使って、教師やクラスメイトとコミュニケーションすることをいいます。「聞く」「話す」だけではなく、「読む」「書く」ことも含めて考えます。
言葉とことば	本書では、一つの単語やそのかたまりを「言葉」と表し、子どもが持つ第一言語や日本語、さらに他の言語を含めた複合的なものを「ことば」と表しています。
単文と複文	述語が一つだけの文は、単文といいます。 例：雨が降りました。 二つ以上の述語が表れる文を、複文といいます。 例：大雨が降ったので、川の水が溢れました。 この例の場合、前件の文が原因を表し、後件の文がその結果を表します。この例で、前件の文と後件の文を逆にすると、意味が通らなくなります。したがって、前件と後件は対等ではありません。
第一言語と母語	子どもが誕生後に触れ、主に使用してきた言語を第一言語といいます。多くの場合、第一言語は親の言語であるため、母語と呼ばれることもあります。ただし、人によっては、成育環境や人生のステージによっても、その人が母語と思う言語は異なる場合があります。つまり、母語はその人自身が考える、その人にとって意味のある言語をいいます。本書では、子どもが主体的に考える言語としての母語とは別に、最初に触れ、主に使用してきた言語を第一言語、その後に学んだ言語を第二言語といいます。
リライト教材	教科書などの本文を子どもの日本語力や発達段階に合わせて、読みやすいように書き直したものをいいます。リライト教材の目的は、日本語を「読む」力を育成すること、在籍クラスの子どもたちと同じ内容を学ぶことにより学習意欲を高めることなどがあります。また、リライトの仕方は、内容を要約したもの、全文をリライトしたものや、文や語を認識しやすいように分かち書きするものなどがあります。リライト教材を作成するためにも、子どもの日本語の力を把握することが大切です。
誤用	発話や文章に見られる文法的な誤りや伝達の仕方、コミュニケーション上の誤りなどをいいます。誤用が起こる原因は、第一言語の影響や日本語に関する知識不足などがありますが、大切なのは、誤用は目標言語を学習している人なら誰にでも起こるもので、言語習得上の一つの過程と捉えることです。誤用があるからといって、子どもの能力が低い、あるいは障がいがあると即断する必要はありません。

Q&A

Q1　JSLバンドスケールのレベルは、到達目標になりますか。

A　いいえ、到達目標にはなりません。

各レベルの記述内容には、そのレベルに該当する子どもの言語使用（日本語あるいは第一言語）の様子や、方略（ストラテジー）などの情報が記述されています。その特徴と照らし合わせて、子どもの日本語の発達段階を確定してください。次のレベルの特徴を目標値として子どもを指導する必要はありません。身長測定器が２メートルまで測定可能であっても、子どもに２メートルまで伸びなさいと指導しないのと同じです。

Q2　記述文を点数化できますか。

A　いいえ、点数化することはできません。

JSLバンドスケールは、子どもの日本語の発達段階を把握するために、「やりとり」が細かく記述されていますが、その一つひとつの記述文を点数化しても、「ことばの力」の全体的な把握につながりません。なぜなら、「ことばの力」は動態的なものだからです。

Q3　JSLバンドスケールは、教師の指導力を評価することに使用できますか。

A　いいえ、使えません。

JSLバンドスケールは子どもの日本語の発達段階を把握し、どのように指導するかを考えるために考案されたものです。このJSLバンドスケールを、教師の指導能力を評価するために使用することは「正しい使い方」ではありません。

Q4　JSLバンドスケールは、文部科学省が行っている「日本語指導が必要な外国人児童生徒の受入れ状況等に関する調査」で使用されるカテゴリー（「日常会話に支障あり」「教科指導に支障あり」など）と同じですか。

A　違います。

文部科学省のカテゴリーは、調査統計を効率的に行うために設定されたもので、一般的な経験知による机上のものです。研究や実践に基づいて設定されているわけではありません。したがって、両者を結びつけて考えることはできません。そのような使い方も、JSLバンドスケールの「正しい使い方」ではありません。

Q5 「取り出し指導」をやめる目安になりますか。

A 「取り出し指導」をやめるかどうかの判断は、学校の態勢や子どもの様子などによって異なりますので、どのレベルが「取り出し指導」をやめるレベルとは断定できません。

できるだけ早く在籍クラスで他の子どもたちと一緒に学ぶ時間を増やすことは大切です。しかし、初期指導や子どもの日本語の発達段階によっては、「取り出し指導」を集中的に行い、特別に配慮された指導を行うことも大切です。したがって、どのレベルで「取り出し指導」をやめるかは、それぞれのケースで異なります。このJSLバンドスケールは、日本語指導担当者と在籍クラスの担任など、複数の教師の間で、当該の子どもの日本語の発達段階について共通理解を持って、「取り出し指導」で、あるいは在籍クラスで、どのような指導をしたらよいかを考えていくために開発されているのです。

Q6 子どもの日本語の発達段階を見るためのテストを作ることはできますか。

A いいえ、作ることはできません。

テストは実践と切り離された一時的なものです。したがって、もしそのようなテストを行っても、そのテストによる結果は一時的な意味しかありません。「測定的なテスト」を対話的な方法でやれば教育的だと言う人もいますが、それも一時的な、つまり、その場だけの固定的な結果しか生み出しません。

別の言い方をすれば、JSLバンドスケールは、テストで子どもを「測定する」考え方に立っていません。日常的な多様な実践を通じて、子どもの「ことばの力」の多様な側面を把握することが、子どもの総合的（ホリスティック）な実態の理解につながると考えます。そもそも、「ことばの力」は、簡便な、一時的な方法で把握できるものではありません。

また、JSLバンドスケールは、バイリンガルの子どもを育成することを目指すツールではありません。つまり、レベル7あるいはレベル8へ届かない子どもを、「失敗例」と捉える見方に立っていません。したがって、テストを作ることは考えられません。

参考文献

川上郁雄（2011）『「移動する子どもたち」のことばの教育学』くろしお出版.

川上郁雄編（2006）『「移動する子どもたち」と日本語教育――日本語を母語としない子どもたちのことばの教育を考える』明石書店.

川上郁雄編（2010）『私も「移動する子ども」だった――異なる言語の間で育った子どもたちのライフストーリー』くろしお出版.

コスト，D.，ムーア，D.，ザラト，G.（2011）「複言語複文化能力とは何か」（姫田麻利子訳）『大東文化大学紀要人文科学編』Vol.49. pp. 249-268.

ハリデー，M.A.K.（2001）『機能文法概説――ハリデー理論への誘い』（山口登・筧寿雄訳）くろしお出版.

NLLIA（1994）*ESL development: language and literacy in schools: volume 1.*（Coordinator: P. McKay）. Canberra: National Languages and Literacy Institute of Australia.

McKay, P.（ed.）（2007）*The NLLIA ESL Bandscales Version 2: Assessing, Monitoring and Understanding English as a Second Language in Schools.* Brisbane: Queensland University of Technology and Independent Schools Queensland.

State of Queensland（Department of Education）（2018）*An introductory guide to the Bandscales State Schools（Queensland）for English as an additional language or dialect（EAL/D）learners.* Brisbane: Queensland Government.

あとがき

本シリーズの『JSLバンドスケール【小学校編】』および『JSLバンドスケール【中学・高校編】』は、第二言語としての日本語（JSL）を学ぶ子どもたちの「ことばの学び」を支えるために開発されました。これら2冊を通して読んでいただくと、小学生から高校生までの成長にともなう日本語の発達段階の全容がご理解いただけると思います。

これらの2冊の『JSLバンドスケール』は、早稲田大学大学院日本語教育研究科の川上郁雄研究室で2002年以来、研究が継続的に行われ、完成したものです。この間、『JSLバンドスケール（試行版、2004）』は、本研究科の日本語教育専門家養成においてだけではなく、三重県鈴鹿市の小中学校や関東圏の小中学校、高校における日本語教育実践で使用され、子どもへの教育指導、実践デザイン、教材開発、教師研修において、その有効性が検証され、その結果を踏まえて改訂が重ねられました。

本シリーズの「JSLバンドスケール」を開発する上で、多くの方のご教示、ご支援を受けました。まず、本研究の端緒を与えてくださった、オーストラリアの故Dr. Penny McKay先生に感謝を申し上げたいと思います。先生のご専門である第二言語の英語教育と日本語教育は異なる面が多々ありますが、McKay先生の教育観や子ども観から多くの示唆を受けました。また、私のゼミでMcKay先生の業績の研究から「JSLバンドスケール」の開発と実践に協力してくれた100名を超えるゼミ生や院生、そして「JSLバンドスケール」を学校現場で実践してくださった1000名を超える先生方など、本書の開発に関わってくださったすべての方々に心より感謝を申し上げます。

また、2006年以来、「JSLバンドスケール」の有効性を認め、出版を勧めてくださり、長い間待ってくださった明石書店の大江道雅さん、編集担当の岡留洋文さんにも謝意を表します。

本シリーズが、日本各地で「日本語を学ぶ子ども」の日本語教育に関わる方々、そして今、日本語を学びながら日々奮闘している子どもたちに役立つことを願っております。

2020年4月2日　桜咲く季節を、窓越しで眺めつつ。　　川 上 郁 雄

〈著者紹介〉

川上郁雄（かわかみ・いくお）

早稲田大学大学院日本語教育研究科教授。大阪大学大学院文学研究科博士課程修了。博士（文学）。オーストラリア・クイーンズランド州教育省日本語教育アドバイザー、宮城教育大学教授等を経て、現職。専門は、日本語教育、文化人類学。文部科学省「JSLカリキュラム」開発委員、同省「定住外国人の子どもの教育等に関する政策懇談会」委員を務める。

［主な著書・編著］

『「移動する子どもたち」と日本語教育――日本語を母語としない子どもへのことばの教育を考える』（編著、明石書店、2006年）

『「移動する子どもたち」の考える力とリテラシー――主体性の年少者日本語教育学』（編著、明石書店、2009年）

『海の向こうの「移動する子どもたち」と日本語教育――動態性の年少者日本語教育学』（編著、明石書店、2009年）

『私も「移動する子ども」だった――異なる言語の間で育った子どもたちのライフストーリー』（編著、くろしお出版、2010）

『「移動する子どもたち」のことばの教育学』（くろしお出版、2011）

『「移動する子ども」という記憶と力――ことばとアイデンティティ』（編著、くろしお出版、2013）

『日本語を学ぶ／複言語で育つ――子どものことばのワークブック』（尾関史・太田裕子と共編著、くろしお出版、2014）

『公共日本語教育学――社会をつくる日本語教育』（編著、くろしお出版、2017）

『移動とことば』（三宅和子・岩崎典子と共編著、くろしお出版、2018）

JSLバンドスケール【中学・高校編】
――子どもの日本語の発達段階を把握し、ことばの実践を考えるために

2020年8月31日　初版第1刷発行

著　者　　川　上　郁　雄
発行者　　大　江　道　雅
発行所　　株式会社明石書店
〒101-0021 東京都千代田区外神田6-9-5
電　話　03（5818）1171
FAX　03（5818）1174
振　替　00100-7-24505
http://www.akashi.co.jp
装丁　明石書店デザイン室
印刷・製本　モリモト印刷株式会社

ISBN978-4-7503-5078-3
（定価はカバーに表示してあります）